밥맛이
극락이구나

밥맛이 극락이구나

2008년 4월 30일 초판 1쇄 발행. 2009년 10월 10일 초판 4쇄 발행. 함영이 글을 쓰고 사진을 찍었으며, 이홍용과 이평화가 기획하여 펴냈습니다. 양인숙과 권민희가 편집을, 방기연이 본문 및 표지 디자인을 하였으며, 권기남이 마케팅을 합니다. 제판은 푸른서울, 인쇄 및 제본은 상지사에서 하였습니다. 출판사 등록일 및 등록번호는 2003. 2. 6. 제 10-2567호이고, 주소는 121-250 서울시 마포구 성산동 628-5, 전화는 (02) 3143-6360~1, 팩스는 (02) 338-6360, 이메일은 shanti@shantibooks.com입니다. ISBN은 978-89-91075-45-0 03800이고, 정가는 12,000원입니다.

밥맛이 극락이구나

밥벌이에 지쳐 몸도 밥도 챙기지 못하는 당신에게
서른 명의 스님이 지어주는 맛있는 밥 이야기

함영 지음

【산티】

차 례

여는 글
산새와 바람과 풍경 소리와 방문짝의 들썩임만 같기를 ·· 8

01 맛나고 자유자재로운 밥 이야기

무행 스님	자기 복 자기가 만드는 복 넘치는 음식 이야기 ·· 14
도성 스님	사람이나 음식이나 독을 버려야 진미 ·· 23
성후 스님	고기보다 귀한 몸, 절집 밥상을 평정하다 ·· 32
광우 스님	제대로 말리고, 제대로 주물러야 제맛 ·· 41
효상 스님	월정사 꼬마들의 '비빔밥' 같은 인연과 추억 ·· 47
효림 스님	맛나고 자유자재로운 밥 이야기 ·· 55
흥승 스님	대중이 원하면 '이태리 빈대떡'도 '절집 빈대떡'이 된다 ·· 64

02 음식을 하는 자의 도리와 먹는 자의 도리

성전 스님	부성(父性)의 자비가 베풀어준 공양	··· 74
일수 스님	제멋대로 하는 재미있는 요리 수행	··· 81
금강 스님	오감의 기쁨을 일깨우는 땅끝 절의 별미	··· 88
우봉 스님	낙엽조차 '꽃'이 되는 산사의 농사와 보약들	··· 97
현경 스님	약이 되는 음식, 독이 되는 음식	··· 104
원성 스님	음식을 하는 자의 도리와 먹는 자의 도리	··· 112
현오 스님	산중의 보약, 더 이상 보탤 맛이 없다	··· 121

03 자연과 심신이 일여—如임을 깨우치다

혜용 스님　'겁나게' 맛나고 몸에 좋은 봄의 보약 ·· 130
영만 스님　'태안泰安' 같은 음식과 조물락 공양주 보살님 ·· 138
법선 스님　자연과 심신이 일여—如임을 깨우치다 ·· 147
덕제 스님　밥상 위의 존재들과 인연에 대한 도리 ·· 156
주경 스님　마음과 마음을 '쫄깃' 하게 이어주다 ·· 165
효진 스님　신통방통한 보시행 스승, 토종 허브 ·· 173
혜산 스님　삼라만상의 이치가 담긴 불가의 음식 ·· 182
종진 스님　너와 내가 따로 없던 강원 시절의 공양간 수행 ·· 190

04 단순하게 먹고 배부르면 족하다

일담 스님　그냥 하다보면 '절로' 알게 되니　••198
각묵 스님　단순하게 먹고 배부르면 족하다　••206
연암 스님　겨울이면 절로 그리운 천하무적 약차　••216
현담 스님　사춘기 행자와 일백 세 노스님의 공양간 인연　••223
묘장 스님　아상我相을 버린 그 맛이 기가 막히다　••232
혜수 스님　김치 하나로 극락을 다녀오다　••240
자영 스님　마른 것은 마른 대로, 생것은 생한 대로 기특하다　••248
보관 스님　몸의 소리에 귀 기울여 먹는 건강 식사법　••256

스님들의 밥 이야기　••264

| 여는 글 |

산새와 바람과 풍경 소리와
방문짝의 들썩임만 같기를

　이름도 알 수 없는 산새들의 지저귐이 요란하다. 간혹 대숲을 지나가는 바람의 소리도 들려온다. 바람 장단에 맞춰 풍경은 쉼없이 땡강이고, 문지방에 어설프게 걸쳐진 방문짝이 귀에 거슬림도 없이 들썩여주니 그저 좋다. 이들 소리의 어우러짐은 제아무리 요란 벅적해도 평온할 뿐이니 참으로 묘하다. 심연의 속이 드러나기라도 할 듯 마음이 한량없이 고요해지니, 나는 그런 산사의 소담한 방에서 생각도 없이 뒹구는 것을 좋아한다. 이번엔 원고를 핑계로 방 한 칸을 차지하고 앉았다.
　잠시 돌이켜보니, 어영부영 '놀고먹는' 자유기고가로 살아온 지 10여 년 가까이다. 어느 한 곳에라도 기고할 인연들이 이어지고 그렇게 한 해 두 해를 넘기다보니 '자유기고가'라는 직업이 절로 달려졌다. 한량 기질이 다분하여 '되는대로'도 살았고, 욕심이 없던 덕에 '자유롭게'도 살았다. 그러니 열정이라곤 없는 내 자신이 가끔은 불만이라, 시나브로 좋아진 말이 '쟁이'다. 이제와 비로소 드는 생각은 비록 좋은 글의 '쟁이'는 못 될망정, 그럭저럭 글 나부랭이나 쓰며 사는 삶은 청산할 때도 되지 않았는가 하는 것이다.

3년 남짓 불교 매체에 기고한 글이 책으로 엮이게 되니, 새삼 뒤늦게 철이 들 모양이다. 글을 쓰는 일은 막중한 책임이 따르기에 원고를 시작할 때마다 체증 같은 압박에 시달렸다. 그러한 글들이 책으로 엮이니 부담이 더욱 앞선다. 더군다나 스님들의 이야기를 다룬지라 조심스러운 면이 많다. 그들의 입장에서는 수행자로서 삶의 일부분이나 생각을 드러내는 것이 쉽지 않았을 테다. 그것을 익히 짐작하면서도 무지함과 철없음을 내세워 스님들의 옷자락을 잡고 늘어지곤 했다. 그리하여 수행만으로도 모자랄 한량없이 귀중한 시간과 기운을 할애받은 것이기에, 자칫 필자의 짧은 이해와 글발로 그들의 수고로움을 허망하게 하지는 않을까 조심스럽다. 만에 하나 그러한 실수를 범한다면, 그것은 어디까지나 필자의 미혹함 탓이다.

 '스님들의 소박한 음식 이야기'를 주제로 글을 쓰게 된 것은 한 여성지에 글을 기고할 때로 거슬러 올라간다. 어렴풋한 기억에 그때 나는 헬렌 니어링의 《소박한 밥상》이라는 책을 읽고 그간의 관심 영역 밖으로 시선을 돌리게 되었다. 음식 솜씨는커녕 부엌 근처에 가는 것조차 부담스럽게 여겼던 터라 그녀의 책은 신선했다. 야채 서너 가지를 얼기설기 뜯어 '요리'를 만들고 성찬의 식탁을 차려내는 그녀의 남다른 방식과 지혜가 돋보였다. 그래서 기획하게 된 것이 '스타들의 소박한 밥상'이었다. 헬렌의 견해를 빌려 화려하게만 보이는 연예인들도 단출하고 소박한 식사를 즐긴다는 메시지를 전하고 싶었다.

 여러 연예인의 도움 덕에 좋은 이야기들을 이어갔으나, 사정이 생겨 중간에 연재를 중단하게 되었다. 무언가에 미련이 남으면 그것을 되풀이하는 윤회의 선상에 놓일 수밖에 없으니 그 아쉬움의 싹은 몇 해 후에 다시 발아되었다. 한 불교 매체의 제안으로 절집의 음식 이야기를 기획하여 연재하게 된 것이다. 그러니 어찌 보면 이 책은 애착심을 버리지 못하여 태어난 윤회의 소산이기도 하다.

　지방 곳곳의 스님들을 만나면서 알게 된 것은 불가의 식생활이 합리적이고 과학적이라는 사실이다. 스님들이 한결같이 좋아하고 즐기는 음식이란 된장과 김치, 무와 시래기, 두부, 버섯을 비롯한 푸성귀 등이 전부라 그 소박함이 지나치다 싶을 정도였다. 굳이 비법이랄 것도 없는 단순한 조리법이 비법이라면 비법이니 그 역시 별스러울 것이 없었다. 하지만 그들의 이야기 속에서 음식이란 밥 때가 되어서, 입에 당겨서 습관처럼 먹는 것 이상의 의미가 있음을 알게 되었다.

　밥상에는 수많은 인연이 어우러진 온갖 생명과 희생이 차려진다. 그것을 다루고 먹는 사람들의 마음과 마음도 보태어져 있다. 밥상 위의 음식들은 즉 '인연들의 덩어리'인 것이다. 부처의 깨달음을 '연기緣起'라 이른다면, 밥상에는 그러한 깨달음의 이치가 올라와 있다. 그러니 음식을 대하는 수행자들의 생각과 자세는 일반인들과 사뭇 다를 수밖에 없다. 그들에게 음식은 수행을 위해 몸을 유지하는 수단이며 수행의 방편이다. '마음 연구가'인 수행자들은 심신의 상태를 수시로 점검하는 만큼 음식이 몸과 마음에 어떤 영향을 미치는지 누구보다 잘 알고 있다. 그러한 직접적인 경험 속에 추구해 온 그들의 먹을거리와 식문화는 웰빙의 식생활을 한참 앞서 있다 해도 과언이 아니다.

　한편 음식에 대한 스님들의 생각과 태도는 진보적이고 자유롭다. 일례로 약인 음식과 독인 음식을 가려먹는 것을 수행의 근본으로 생각하는 반면, 해로운 음식도 감사히 받아들이는 것을 마땅한 태도로 여긴다. 음식을 가려먹는 것도 수행이고, 주어진 모든 음식을 받아들이는 것도 수행이니, 어느 것이 딱히 옳고 그른 것이 없이 모두 공부의 방편이 된다.

생각의 자유자재함 속에서 스님들은 요리 전문가 뺨치는 식견과 기발한 발상을 갖고 있기도 하다. 그러니 그들의 식생활과 견해와 방식을 빌려본다면, 음식에 대한 철학적·수행적 요소는 뒤로 할지라도 우리네 부엌살림에 적잖은 보탬이 될 것이다.

앞서 말했듯, 불가의 음식은 심신의 건강과 직결되면서도 조리법이 쉬워 바쁜 일상에서 적용해볼 만한 아이디어들이 쏠쏠하다. 서른 개 이야기 속에는 이러한 내용들이 아울러 담겨 있다. 옛 시절, 음식에 대한 추억담과 고된 행자 시절의 에피소드가 곁들여져 지난날의 향수를 공유하거나 스님들의 생활을 엿보는 재미도 있을 것이다. 서른 분 스님들의 이야기 속에 다소 중첩되는 내용이 있더라도 그들 한 분 한 분의 경험에서 우러나온 지혜와 식견을 알뜰히 빌려보길 바란다. 우리의 밥상이 소박하고 간소해지는 만큼 몸과 마음은 건강하고 풍성해질 것이다.

끝으로, 도움을 주신 여러 스님들과 친구들, 편안한 방과 맛난 밥을 내주신 용천사의 가족들과 부족함이 많은 글을 엮어내신 출판사 가족들에게 감사를 표한다. 이 한 권의 책이 어영부영 글을 지으며 살아온 업을 조금이나마 갚게 되기를 바라본다. 다소 미진한 부분이 있더라도 심히 나약한 마음에 이제야 겨우 움튼 '쟁이'의 꿈을 일찌감치 접을지 모를 일이니, 독자들의 격려 어린 이해를 부탁드린다.

바람 장단에 맞춰 땡강거리는 풍경마냥, 거슬림이 없는 방문짝의 들썩임마냥, 더도 말고 덜도 말고 그러한 어울림의 소리 같기만을 바라본다.

2008년 봄, 인연들의 어울림 안에서

01
맛나고
자유자재로운 밥 이야기

첫 번째 밥 이야기 | **무행 스님**

자기 복 자기가 만드는
복 넘치는 음식 이야기

봄의 들녘, 파릇파릇한 것은 모두 약초 아닌 것이 없다. 혹독한 겨울을 지나 봄 햇살 아래로 고개를 내민 여린 풀들은 그 자체로 약이다. 그래서 이맘때는 독새기 풀조차 맛있다. 푸른 것은 아무거나 툭툭 잘라도 모두 나물이 되니, 이름 모를 풀일지라도 맛있다.

"좋아하는 음식이요? 아따, 이것도 저것도 없단께요. 요맘때는 그저 파릇한 것이 최고지라. 산에 올라가 아무 풀이나 잘라도 고것이 다 맛있는 나물이요, 다 맛있는 거요. 특히 2~3월에 올라온 것들은 독이 없어서 독새기풀도 맛있제요. 가을에 파종해놓은 시금치나 배추 같은 야채도 마찬가지고. 겨울을 난 건 다 약이라요. 병충해가 없은께 농약도 안 치고. 그러니 천지 풀들이 다 약초지라."

14

지리산 자락의 한 토굴에서 기도 수행중인 무행 스님. "봄의 음식은 곧 약"이라는 스님은 유독 나물을 좋아한단다. 하지만 스님이 좋아하는 나물은 따로 있는 게 아니다. 이른 봄, 지천에 파릇하게 올라오는 모든 풀이 곧 나물이라 가릴 것이 없이 다 좋단다.

"나물은 무르지 않게 삶는 게 중요하제라. 소금을 미리 풀어 물이 끓을 때 살짝 데쳐야 색과 향이 살고 밑간도 배인께. 그래야 아작아작 씹히는 맛도 있고 치근도 발달돼 건강에도 좋은 거요. 제대로 데쳐 된장에 버무리기만 하면 된께 나물 요리는 엄청 간단하면서도 보약 같은 음식이제요."

나물을 무칠 때는 사실 된장만한 양념이 없다. 하지만 된장으로 버무릴 때도 풀이 지닌 고유한 맛과 향을 해치지 않아야 한다. 그러니 간을 맞출 정도면 족하다. 다른 음식들도 마찬가지다. 요리에서 가장 중요한 것은 재료의 맛과 향을 최대한 살리는 것. 제아무리 맛있는 음식도 재료 고유의 성질을 죽이면 곧 죽은 음식과 다름없다.

"대부분의 음식들을 보면 진국은 대개 하수도가 먹어버리는 경우가 많아라우. 좋은 영양소는 다 빼내불고 우리는 수분만 섭취하는 꼴이제요. 우거지로 배춧국을 끓일 때만 해도 재료를 삶아 물에다 몇 시간 동안 우려내는디, 고것이 종이배추지 어디 배추 맛이 남아 있간디요. 결국 양념 맛으로 먹게 되니께 그렇게 양념 잡탕으로 만든 음식은 아무리 맛있어도 사실 살아있는 음식이 아닌 거요."

음식을 만들 때, 우리는 작지만 중요한 부분들을 의외로 많이 놓치고 있다. 가령 찌개를 끓일 때만 해도 습관적으로 넣게 되는 양념이나 부재료들이 있지 않은가. 그렇다면 고추 하나를 썰어 넣더라도 잠깐 생각해볼 일이

15

풍작의 가장 중요한 비법은 '마음'이다.
진심 어린 기도와 애정 어린 마음을 보이면
씨만 뿌려도 저 알아서 자라고 열매를 맺는다.

다. 왜 고추를 넣는가를. 사실 생각해볼 필요도 없이 답은 간단하다. 고추의 매콤함을 즐기려는 것이다. 그렇다면 그러한 맛과 향을 최대한 살리는 것이 당연하다. 그러니 찌개가 거의 끓을 즈음 고추를 넣어 반숙하는 것이 좋다. 미리 넣으면 고추 표면이 비닐처럼 질겨져서 씹는 맛은 물론이고 맛과 향의 신선도를 잃게 된다. 이렇듯 음식의 근본 이치를 잠깐 따져만 봐도 요리를 좀더 제대로 할 수 있다.

무행 스님에게 봄은 나물의 계절인 동시에 '농사의 계절'이기도 하다. 스님은 밭농사의 달인이다. 다른 이들이 호박 한 개를 수확할 때 스님은 열 개를 수확할 수도 있단다. 하지만 처음 농사를 지을 때는 실수도 많았다. 가령 작물에 비료를 줄 때 뿌리에 닿게 줘서 농작물을 거의 죽인 적도 있었다.

"토마토 농사를 지을 때였는디 아고, 얼매나 아픈지. 자식이 죽은 것마냥 마음이 아픈 거여. 그래서 비료가 뿌리에 완전히 닿지 않은 놈들이라도 살려 볼라고 기를 쓰는디, 이웃 농부들이 그런 경우엔 절대 소생이 안 된다는 거여. 그런데 기적이 일어났제요. 토마토가 호박넝쿨처럼 뻗어나가 풍작을 거뒀은께. 그때 고추니 가지니 피망 등을 키우믄서 농사의 묘미를 알았제라."

그 과정에서 터득한 것이 있다. 풍작의 가장 중요한 비법은 '마음'이라는 것을. 마음이라는 거름을 충분하게 주면 작물들은 딱 그만큼을 보상해준다. 인간도 미물인지라, 어떠한 미물들과도 교감을 이루지 못할 것은 없다. 마음을 열면 산의 나무나 텃밭의 채소와도 교감할 수 있다. 진심 어린 기도와 애정 어린 마음을 보이면 씨만 뿌려도 저 알아서 자라고 열매를 맺는다.

농사의 묘미란 수확에만 있는 것이 아니다. 씨를 뿌리고 키우면서 수확에 이르기까지 작은 과정 하나하나에서 행복과 자연의 섭리를 깨우치게 된다.

"오가면서 물도 주고 말도 걸어줌시롱 키우는 재미가 얼매나 큰디요. 고 것부터가 행복이제요. 그렇게 키우면서 색색별로 열매 맺는 걸 보는 재미도 행복이요, 수확해서 나눠 먹는 행복은 또 이루 말할 수가 없어라우. 제가 기도하는 절에서 소일거리로 농사를 짓곤 했는디, 보살님들이 절에 기도하러 오는 게 아니라 장보러 올 때도 많았제요. 퇴비로만 키웠은께 시장에서 산 것과는 비교할 수도 없고, 그런 재료들로 음식을 하면 맛 자체가 다를 수밖에요. 그렇게 키운 채소들을 나눠주면 주는 사람이나 받는 사람이나 그렇게 행복할 수가 없는 거제요. 그땐 사실 말도 필요없는 거요. 주고받는 가운데 하나가 돼버린께. 이미 서로 싸인 끝나버린 거여."

싱거우면 소금 쳐서 먹고 짜면 물 부어먹는 '식복'

음식을 통해 생생하게 살아있는 자연의 맛과 기운을 섭취하려면 무엇보다 조리법이 간단해야 한다. 무행 스님이 즐겨 먹는 음식들은 대부분이 그러하다. 그중 대표적인 단골 메뉴 1호가 '묵은지 된장찌개'. 된장의 구수함과 묵은지의 깊은 신맛의 조화로움이 절묘한 찌개다. 된장찌개에 묵은지만 썰어 넣으면 그만이니, 조리법은 더없이 간편하다.

하지만 제아무리 간단한 조리법에도 주의할 점은 있게 마련. '묵은지 된장찌개'를 끓일 때는 묵은지를 미리 넣지 않는 것이 중요하다. 찌개가 거의 끓을 즈음에 넣어야 맛과 향을 제대로 살릴 수 있다. 이렇게 끓인 찌개를 남다르게 활용할 수 있는 방법도 있으니, 이른바 '나물 샤브샤브'라 할 것이다. 간혹 나물이 먹고 싶은데 따로 조리하기가 번거롭다면 찌개가 끓을 때

나물을 넣고 샤브샤브처럼 데쳐 먹는 것이다. 간편하면서도 별미가 아닐 수 없다. 이렇듯 초간단 고영양의 '무행 스님표 찌개'는 달랑 그 한 가지만으로도 진수성찬이 되고도 남는다.

스님이 최고로 치는 음식 중엔 동치미도 빼놓을 수 없다. 특히 동치미 무를 채 썰어 고춧가루와 깨를 넣고 살살 버무린 '동치미 짠지'는 잠든 식탐도 단번에 깨울 만큼 일품이다.

"사실 어릴 때 먹던 고향 음식만치 최고의 음식이 어디 있간디요. 동치미 짠지는 주로 전라도에서 해먹는 음식인디, 제 고향이 바로 전라도라 그런지 몰라도 저한텐 최고의 음식이지라우. 사실 따지고 보면 맛있는 음식이란 기준도 없고 정할 수도 없는 거요."

그야말로 '깊은 산속 옹달샘의 맛'과도 같은 동치미. 그대로 먹어도 일품이지만, 전라도에선 동치미 무를 다른 음식의 재료로 다양하게 활용한단다. 일단 동치미 짠지만 해도 그러하거니와 동치미를 된장찌개에 넣거나 무조림을 해서 먹기도 한다고. 특히 무조림에 동치미 무를 사용하면 그 맛과 질은 더욱 '고품격'이 된다.

"동치미 무는 소금간이 배어 있는 상태라서 무 자체에 수분이 적당히 빠져 있지라. 그래서 생무로 조림을 하면 설컹설컹한디, 동치미 무로 조림하면 졸깃졸깃하면서 훨씬 맛있제요. 생선도 생으로 찌개를 끓이면 쉽게 부서지지만, 소금간이 되어 있으면 끓여도 풀어지질 않제요. 그 원리와 같은 거요. 무는 겨울이 제철이지만, 동치미로 담가두면 다른 철에도 두루두루 요리해 먹을 수가 있제요. 무는 치근을 발달시킨께 나이를 먹을수록 즐겨 먹는 것이 건강에도 좋지라우."

"무는 겨울이 제철이지만, 동치미로 담가두면 다른 철에도
두루두루 요리해 먹을 수가 있제요. 무는 치근을 발달시킨
께 나이를 먹을수록 즐겨 먹는 것이 건강에도 좋지라우."

齒

흔하디 흔한 음식일지라도 맛있고 즐겁게 먹는 것. 그것은 건강을 위한 최고의 비결이자 진짜 식복이라 할 수 있다. 무행 스님의 건강 지론은 이 식복과 관련이 크다. 그렇다면 식복은 무얼까. 사람들은 흔히 '재복'과 '식복'을 일치하는 것으로 생각하지만 꼭 그렇지만은 않다. 진짜 식복은 '주어진' 음식을 '맛있게' 먹을 줄 아는 지혜에서 오기 때문이다.

"사실 모든 것은 지 복이요, 자기 하기 나름이제요. 나쁜 것과 좋은 것을 구분하지 않고, 내게 오는 뭣이든 달게 받아들이는 게 중요혀라. 실은 그것들을 어떻게 잘 회향할지가 더 중요하제라. 고것이 복이요. 음식도 마찬가지디, 설령 입에 맞지 않는 음식이라도 맛있게 먹고, 만든 사람한테 칭찬까지 보태주면 맛이 달라지제요. 때론 좋은 입담 얹어주는 것만으로도 다른 사람들한테 새로운 자각을 심어줘서 별거 아닌 음식도 특별한 음식으로 바뀌게 되는 거요."

마음가짐에 따라 음식의 맛도 달라지는 법. 부처가 말한 '일체유심조一切唯心造'는 사실 그 어디에도 미치지 않는 곳이 없다.

"출가 전에 식당을 한 적이 있제라. 실은 그때부터 부처님 법을 만났다고 할 수 있는디, 나름대로 이래저래 실험을 해봤제라. 가령 단골손님들에게 커피 한 잔을 타줘도 마음을 담아 정성껏 타는 거요. 각자 기호도 무시한 채 내 맘대로 일명 '양촌리 커피'를 타줬는데도 사람들이 커피 맛이 좋다고 칭찬들을 했제요. 어느새 그 말은 다른 사람들한테도 각인돼서 한땐 제가 커피 마담으로 통한 적이 있었지라우. 그러니 마음에 얼마나 큰 힘이 있는 거요."

달콤한 말 한마디가 마음까지 달콤하게 하니, 그 마음으로 만든 음식이라면 음식의 맛 또한 당연 달콤할 수밖에. 또한 같은 음식일지라도 먹는 사람에 따라 그 맛이 각각 다를 수밖에 없다. 각 지역마다 사람마다 입맛 또한 제각각이지 않은가. 따라서 음식을 대할 때는 그 음식이 짜니 싱거우니를 논할 필요가 없다. 음식을 만든 사람을 탓하기 전에 먹는 사람이 자기 식성과 입맛에 맞게 간을 조절하면 그만인 것이다.

"절간에선 음식으로 시비가 일어나기도 혀요. 공양주들이 고생할 수밖에 없는 이유는 대중이 서로 '다름'을 보지 않기 때문이제요. 수많은 입맛과 식성을 모두 만족시킬 수는 없은께 모두에게 만족을 기대하는 건 과욕이지라우. 그래서 먹는 사람의 자세가 중요한 거요. 간이 싱거우면 소금을 쳐서 먹든지 짜다 싶으면 물을 타서 간을 맞추면 될 일이제요."

건강도 실은 자기가 조절하기 나름이다. 몸이 허기진다 싶을 때는 세 끼가 아니라 다섯 끼라도 챙겨먹어 몸을 추스르면 되고, 몸이 부대끼고 늘어진다 싶으면 일중식日中食이나 단식으로 몸뚱이가 게을러지는 것을 막으면 될 일이다. 적절함을 알고 스스로 조절할 줄 아는 지혜는 몸과 마음의 건강을 지키는 지름길이다.

"내 복은 내가 알아서, 내 몸도 내가 알아서 밀고 댕기고를 해버리는 거여. 음식도 욕되게 먹으면 화장실에서 욕볼 일밖에 없는 거요. 알고 보면 볼일 잘 보는 사람이 가장 행복한 사람이란께요. 도인이 따로 있간디요. 먹을 때 잘 먹고, 잘 때 잘 자고, 쌀 때 잘 싸면 고것이 도인이제요. 그런데 그게 결코 쉬운 일은 아니지라우."

사람을 대할 때나 음식을 대할 때나 이 사실 하나만 염두에 두고 살아보면 어떨까. "내 복은 내가 알아서." 도인은 되지 못하더라도 적어도 행복해지지는 않을까.

두 번째 밥 이야기 | **도성 스님**

사람이나 음식이나
독을 버려야 진미

새벽 예불로 하루를 여는 시간. 절 주위로 피어난 꽃들은 자기 안의 독소를 부지런히 뿜어내어 꽃잎마다 보석 같은 이슬을 달고 있다. 오롯이 대지의 기운과 자성으로 충만해진 이른 새벽의 꽃잎. 은사 스님의 밥상에 올릴 귀한 음식이기에 그것을 구하는 데는 새벽잠도 아까울 리 없었다.

큰스님의 밥상에 올릴 음식들은 하나같이 오랜 시간과 정성을 필요로 했다. 하지만 그러한 마음은 절로 절로 일어 한 치도 게으를 새가 없었다. 열반에 드신 지 이미 오래지만, 큰스님을 위해 준비한 음식들 하나하나의 기억마저 놓을 수 없다. 충청도 성지사의 도성 스님에게 큰스님과의 인연은 그토록 각별했다.

인연의 시작은 수십 년 전으로 거슬러 올라간다. 당시 도성 스님은 생명이 위태로워 죽음의 문턱에까지 이르렀단다. 1968년, '1·21 청와대 습격 사건'을 계기로 산에서 구국救國 기도를 올리다 몸을 던진 것이다. 산을 향해 이른바 '소신 공양'을 했으니, 목숨을 건진 것이 기적이었다. 그렇게 만신창이가 된 몸으로 겨우 목숨줄을 붙들고 인연 따라 이른 곳이 양산의 통도사였다.

"통도사 근처의 암자에서 한 스님이 내려오셔서 저를 데려갔죠. 처음엔 그 분이 누군지도 몰랐어요. 지금도 기억해요. 서 있기도 힘든 몸으로 정신까지 혼미했는데, 비가 내려 땅이 온통 질퍽질퍽했죠. 그런데 벌떼처럼 모인 사람들이 그 진흙 바닥에 엎드려 절을 향해 배拜를 올리는 거였어요. 그땐 왜 그런지 이유를 몰랐죠."

당시 통도사 극락암에는 한국 불교계의 큰 각자覺者로 알려진 경봉 스님이 계셨다. 경봉 스님은 1928년 극락암에 선원을 연 이래로 입적하신 날까지 전국의 선승들과 법을 구하러 찾아오는 불자들을 지도하셨다. 스님은 양산에 장이 서는 날이면, 커다란 걸개 불화佛畵를 장터 한가운데로 들고 나가 "사바세계를 무대로 연극 한번 멋지게 해보라"며 호탕하고 구수한 법문을 들려주셨다. 열반에 드실 때 "이제 스님을 뵈려면 어떻게 해야 합니까?"라는 물음에, "야반삼경夜半三更에 대문 빗장을 만져보라"라는 말을 남긴 일화로도 유명하다.

스스로 몸을 가눌 수도 없었던 도성 스님을 극락암으로 데려간 분이 바로 경봉 스님이었다. 그렇게 스승과 인연을 맺은 도성 스님은 스승의 침술로 생명을 구하고 몸을 추스를 수 있었다. 그 후론 스승의 곁에 머물면서 지극정성으로 공양을 지어 올리며 시봉을 했다.

藥

몸을 지탱하고 수행하기 위한 '음식'이라는 약을 함부로 먹는 것은 마음과 정신까지도 함부로 대하는 일이다. 맑은 정신으로 공부해야 하는 수행자라면 더 말할 필요가 없다. 음식을 가려 먹는 것은 수행과 다름없는 일이기 때문이다.

"대중 없는 스님이 무슨 필요가 있겠어요. 대중이 있어 스님이 계시는 것인데, 만인을 위해 존재하셨던 큰스님의 공양을 어찌 한 치라도 소홀히 할 수 있었겠어요. 스님의 공양은 스님 한 분만을 위한 것이 아니라, 만인을 위한 거였죠."

큰스님 밥상에 올리는 음식은 밤낮을 가리지 않고 준비해야 만들 수 있었다. 꽃잎부각 한 가지를 하더라도 이른 새벽에 일어나 이슬 머금은 꽃잎을 따서, 결이 고운 한지에 올려두었다가 독소를 제거한 후 사용하곤 했다. 부각을 만들 때 사용하는 찹쌀가루도 빛깔이 희다 못해 청회색을 띨 정도가 되도록 물을 붓고 헹궈내는 수비水飛 작업을 수없이 반복했다. 음식을 하기에 앞서 재료의 독소를 철저히 제거한 후에 사용했던 것이다.

"음식을 만들 때는 재료의 독소를 없애는 과정이 아주 중요해요. 밥을 짓더라도 쌀을 오래 씻으면 영양분이 떨어져 나간다고들 생각하는데 절대 그렇지 않아요. 쌀을 수없이 씻어 쌀눈의 독소를 완전히 제거한 후에 지어야 잘 지은 밥이라고 할 수 있어요. 그렇게 지은 밥은 입 안에 넣으면 미끄러지듯 넘어가죠. 어느 정도냐 하면, 밥을 바닥에 쏟았을 때 알알이 흩어질 정도가 돼야 해요. 음식의 진미란 재료 자체에 함유된 독소를 모두 뽑아내고 나서야 맛볼 수 있는 거예요."

쌀을 씻을 때조차 스님은 남다른 방법을 사용했다. 손을 전혀 사용하지 않고, 물을 세게 틀어 물과 쌀에 마찰이 일어나 서로 부딪치고 섞이면서 자연스럽게 씻기도록 했다. 손을 통해 나쁜 기운이나 독소가 전달되지 않도록 하기 위함이다.

"요즘 사람들은 이해를 못해요. 내가 그런 말을 하면 가장 먼저 하는 말이 '그럴 시간이 어디 있느냐' 는 거죠. 하지만 모든 물질엔 독소가 들어 있고, 그 독을 없애야만 본래의 자성自性이 남는 거예요. 사람이 마음을 비워내고 욕심을 버려야 비로소 자신의 참된 근본을 만날 수 있듯이 말이죠."

재료의 독을 제거한 후에 음식을 만들 것. 도성 스님이 큰스님을 시봉하면서 철저하게 지킨, 계율보다도 엄한 원칙이었다. 그러니 간단한 음식도 스님 밥상에 올리려면 몇 배의 시간과 노력이 필요할 수밖에 없었다. 잠들어야 할 시간에도 깨어 있어야만 가능한 일이었다. 오로지 시간과 정성만이 비법이라면 비법이었다.

큰스님의 주전부리를 위해 감자부각을 만들기도 했다. 감자는 그 자체가 전분인지라 찹쌀가루를 묻힐 필요가 없어 다른 부각에 비해 만들기가 수월한 편이다. 하지만 철저한 수비 과정을 위해서는 그 또한 많은 시간과 정성이 필요하다. 감자의 독소를 완벽히 제거한 후에야 조리에 들어가는 것이다.

"감자를 대팻밥처럼 썰어 바로 물에 넣는 거예요. 그러면 감자의 아린 맛과 독소가 우러나와 시꺼먼 물이 나와요. 맑은 물이 우러날 때까지 여러 번 수비한 후에 팔팔 끓는 소금물에 데치고 물기를 쪽 빼서 널어 말리는 거죠. 그런 다음 뜨거운 기름에 잠깐 넣었다 빼면 백옥 같은 빛깔의 감자부각이 돼요. 입에서 살살 녹으면서 감자의 진미를 맛볼 수 있죠."

생명선과 자성이 살아있어야 '참된' 음식

김치를 담글 때도 자성을 살리는 과정을 거쳐야 한다. 경봉 스님은 생전에 고춧가루를 넣고 버무린 김치는 드시질 않았단다.

"고추를 찧는 것은 고추의 생명선을 죽이는 거라, 곧 죽은'김치와도 같아요. 요즘 김치는 양념을 들이부어 만들기 때문에 탁하고 자극적이죠. 하지만 제대로 담근 김치는 맛이 깨끗하고 담백하면서도 고추의 칼칼한 맛이 개운하게 살아있어요. 그럼 고춧가루를 사용하지 않고도 국물은 맑고 고추의 진미는 그대로 살아있는 김치를 담그려면 어떻게 해야겠소?"

뜬금없는 김치 화두라니. 우매한 중생의 대답을 뻔히 알 만했던지 스님은 이내 답을 잇는다. 그 방법은 이러하다. 고추를 반으로 갈라 씨를 발린 후, 반나절 정도 물에 담가두면 고추의 참맛이 우러나오게 된다. 절에서 김치를 담글 때 주로 사용하는 생강은 대개 찧어서 사용하지만, 그 또한 생명선을 죽이는 길. 따라서 생강도 고추와 마찬가지로 썰어서 물에 담가둔 뒤 그 물로 김치를 담그는 것이다. 그러면 각 재료의 생명선이 생생히 살아 그야말로 '살아있는' 김치가 된다.

"이렇게 고추와 생강을 우려낸 물에 깨끗한 소금으로 간만 잘 맞추면 되는 거예요. 여기에 미나리나 고수를 넣으면 좋아요. 특히 고수는 냉을 제거하고 몸을 따뜻하게 해주는데 뿌리 쪽을 사용하는 것이 더 좋죠. 미나리나 고수는 생것을 그대로 잘라 넣고 무는 나박하게 썰어 소금을 살짝 뿌려 부드럽게 한 다음, 김치 담글 때 함께 넣는 거예요. 이렇게 담그면 국물은 맑고 재료의 진미는 모두 살아있는 김치가 되는 거죠. 탁하다는 것은 죽었다는 거예요. 요즘은 대개가 죽은 음식들이라 혀만 자극하고 오장육부는 버리게 돼요."

맑은 국물에 칼칼하게 살아있는 고추와 알싸한 생강의 맛. 거기에 미나

水

소금은 김치뿐 아니라 거의 모든 음식에 사용되는 기본 재료라 더욱이 함부로 사용해서는 안 된다. 100도 이상 끓인 물에 소금을 담가 독소와 찌꺼기를 없애는 수비 과정이 필요하다.

리와 고수의 향긋함과 기운이 고스란히 담겨진 김치라니, 가히 신선의 세계에서나 맛볼 수 있는 김치가 아닐런가.

이런 김치를 만들 때 또 한 가지 간과해서는 안 될 중요한 것이 있으니 바로 소금이다. 소금은 김치뿐 아니라 거의 모든 음식에 사용되는 기본 재료라 더욱이 함부로 사용해서는 안 된다. 수비의 달인, 도성 스님이 일러주는 청정 소금 제조법은 이러하다.

"100도 이상 끓인 물에 소금을 풀어 담가놓으면 흙은 물론이고 아연 같은 중금속 등의 독소와 찌꺼기들이 나와요. 그런 이물질을 모두 걸러내고 물이 맑아질 때까지 계속 수비한 다음 졸여주면 그제야 비로소 깨끗한 소금이 되는 거죠. 음식을 제대로 만들려면 그런 소금으로 간을 하고 찬을 만들어야 해요. 소금을 그냥 사용하면 독을 우리 몸 안에 그대로 집어넣는 것과 다를 게 없어요. 음식이 우리 몸에 독이 될 수도 있다는 사실을 알아야 해요."

스님의 경험상 시중에서 판매하는 최상품의 죽염이라는 것도 다량의 이물질을 함유하는 것들이 제법 있단다.

한번은 이런 일이 있었다. 스님이 값비싼 죽염을 선물로 받았는데, 평소 방법대로 죽염을 수비해보니 여느 소금과 마찬가지로 많은 이물질이 나오는 것이었다. 그래서 죽염을 제조한 회사에 문의했더니, 처음엔 입에 담지도 못할 욕설을 퍼붓다가 스님의 설명을 듣고는 백배사죄를 하더란다.

몸과 마음은 둘이 아닌지라 육체가 건강해야 마음이 건강하고, 마음이 건강해야 육체가 건강한 법이다. 따라서 몸을 지탱하고 수행하기 위한 '음식'이라는 약을 함부로 먹는 것은 마음과 정신까지도 함부로 대하는 일이다. 맑은 정신으로 공부해야 하는 수행자라면 더 말할 필요가 없다. 음식을 가려 먹는 것은 수행과 다름없는 일이기 때문이다.

"음식 가려 먹는 일을 게을리 해서는 안 돼요. 하지만 힘든 일이죠. 오랜 시간 인내와 실천을 요구하는 일이니까요. 시간과 속도의 전쟁 속에서 살아가는 요즘 사람들에게 제 얘기는 얼토당토않게 들리겠죠. 귀 기울여 듣는다 해도 음식이란 것이 말로 전해지고 머리로 이해해서 만들어지는 것도 아니고요. 요즘 사람들은 요리 기법만 배워 흉내 내려고 하지, 음식을 만드는 마음과 자세는 배울 생각을 못해요. 정작 중요한 것은 외면하고 음식에 담긴 뜻조차 제대로 모르죠."

모든 생명체는 자기 안에 품고 있는 독소를 버려야 진미眞美가 드러나는 법이다. 사람이나 음식이나 다를 게 없다. 자기 안에 쌓여 있는 독을 버리고 본래의 자성만이 남을 때, 비로소 '참된 사람' '참된 음식'이 된다.

스님의 모습을 담고자 카메라를 꺼내어 드니 스님이 묻는다.

"사진기로 자성을 담아갈 수 있겠소?"

그렇다면 글로나마 자성을 담아낼 순 없을까. 하지만 그 또한 '본래의 면목面目'을 담기란 어려울 터. 스스로를 수비하는 과정 속에서 독을 빼내어 자성을 찾지 못한다면 모든 것은 한낱 욕심어린 생각일 테다. 머리로는 뻔히 알면서도 일어나는 망상 앞에 스님이 되묻는다.

"직접 먹어본 것도 아니요 해본 것도 아닌 것을 글로 풀어낸들, 그 또한 거짓이요 죽은 글이 아니겠소?"

세 번째 밥 이야기 | **성후 스님**

고기보다 귀한 몸,
절집 밥상을 평정하다

절이 좋아 스스로 머리를 깎고 스님들과 어울려 살던 스무 살 시절. 그땐 귀하지 않은 음식이란 없었다. 고향 마을을 돌며 탁발로 끼니를 해결하기도 했으니 보잘것없는 음식도 '허벌나게' 맛나고 귀하기만 했다. 그 시절의 추억과 고향 음식의 기억들이 참으로 아련하다.

농촌 살림이 한창 어려웠던 1960년대 초, 성후 스님의 나이는 방년 스무 살이었다. 무작정 절이 좋았던 스님은 불교계 큰 어른이신 금타 스님과 청화 스님이 계신 혜운사에 들어가 스스로 머리를 깎고 살았단다. 당시엔 없어서 못 먹는 것이 더 많던 시절, 산천초목에 돋아나는 나물이며 콩, 밀가루가 그나마 만만한 음식이었으니 그 당시 귀하지 않은 음식이란 없었다.

心

"음식도 내가 필요해서 먹는 건디, 나쁘다고 생각하면 한없이 나쁘고, 좋다면 한없이 좋은 것이여. 그랑께 음식도 일체유심조가 아닌감. 암만 맛없는 음식도 요놈이 보약이다 생각허고 먹어불면 달게 먹히는 거여."

"그땐 밀을 직접 심어서 키워 먹었제. 그걸 갈아 부침개를 해먹곤 했는디, 방아잎을 넣어 전을 부치면 그 맛과 향이 독특하면서도 기가 막혔어. 또 탁발해서 얻어온 쌀을 설탕물에 불려놓았다가 떠먹는 거여. 큰스님이 알면 물론 큰일났제. 귀한 쌀을 가져다 고런 짓거리를 해부린께. 그래도 고것이 그러코롬 맛있을 수가 없었단께. 큰스님 몰래 불려놓았다가 간식 삼아 떠먹곤 했는디, 아까워서 양껏 먹지도 못하고 조금씩 떠먹곤 했제."

그 시절엔 절에 식량이 떨어지면 마을로 탁발을 나서기도 했다. 절집의 막둥이자 분위기 메이커였던 스님은 손을 들어 탁발을 자청하곤 했단다. 철저히 '하심下心'하지 않으면 큰스님조차 하기 어렵다던 탁발 수행도 철없던 때에는 새롭고 호기심 어린 경험으로 느껴졌다.

"큰스님은 탁발만큼 겁나게 어려운 수행이 없다고 하셨제. 남한테 무언가를 얻으러 가는 자체가 힘든 일인께. 그란디 내가 가겄다고 큰소리를 쳐부린 거여. 승복을 걸치고, 바랑을 메고, 커다란 삿갓까지 챙겨 쓰고는 부락으로 내려간 거제. 그란디 얼굴을 알아보고 온 동네가 난리가 나부린 거여. 학교 선후배들은 노식이스님의 속명가 와부렀다고 쑥덕대제, 동네 가시나들은 낄낄대제. 그래도 보무도 당당허니 목탁을 두드리믄서 법성게法性偈서부터 반야심경般若心經까지 읊어부렀제."

남달리 변죽이 좋았던 스님은 사람들의 시선 따위에 굴하지 않고 마을을 돌며 탁발을 했다. 하루는 토방이 높은 어느 집에 들어서는데, 흰고무신 한 켤레가 댓돌에 떡하니 놓여 있었다. 당시엔 신발이라야 검정고무신이나 털고무신이 전부. 그러니 흰고무신이라면 지금의 프라다 신발도 저리 가라 할 터. 1960년대 최고급 명품 신발에 흰쌀이라도 한 되박 기대한 스님은 '신나게' 목탁을 두드렸다. 하지만 한참을 두드려도 방 안에선 별다른 기별이 없었다.

"그래서 한 바퀴를 다시 리와인드해부렀제. 그란께 머리를 가지런히 땋은 한 처자가 문을 열고 나온 거여. 그릇에 조를 담아 부어주려기에 바랑을 열어젖히는디, 갑자기 짓궂은 생각이 들더라고. 이참에 손이라도 닿아볼맨키로 바랑을 손 가까이로 치켜들었제. 그란디 그 처자도 만만치 않데. 반사적으로 손을 치켜들면서 조를 쏟아 부어버리는 거여. 거의 막상막하였제."

타고난 넉살로 탁발을 돌다보면 웃지 못 할 일들이 심심찮게 있었다. 그렇게 유쾌한 탁발 수행을 마치고 돌아와 그날의 얘기보따리를 풀어놓으면 절집 식구들은 한바탕 배꼽을 잡곤 했다.

'절집의 소고기' 콩 음식

성후 스님의 고향인 무안에서는 '애폿죽'이라는 음식을 자주 해먹었다고 한다. '애폿'은 '풋콩'을 이르는 말인데, '폿'은 완두콩의 종류로 전라도 사투리다. 지금은 보기 힘들어졌지만, 겨울에 심은 폿은 이듬해 봄이면 하얀 콩꽃을 피우고 열매를 맺곤 했다.

"고놈을 따다 말려서 맷돌에 갈믄 두세 쪽이 나부리제. 껍질은 채로 쳐서 불어버리고 알맹이는 물을 넣고 끓이면 파르스름한 물이 우러나오는 거여. 콩 삶은 찌꺼기는 건져서 버리고, 그 물에 국수를 말아 먹는 거제. 다른 양념 일절 필요없고 소금간만 하면 되는디 맛이 겁나게 좋았어. 금방 해서 먹어도 맛나고, 식으면 식은 대로 맛나고, 하여간 고것이 최고로 맛있었단께.

豆

늦가을이면 절집 마당에서 반드시 치르는 행사가 있었다. 콩 음식의 원조인 메주 만들기다. 둥근 사각 모서리의 적당한 네모로 다듬어진 콩덩이. 짚더미 위에 자리 잡고 앉아 단단히 여물어간 고놈들을 짚으로 엮어 천장에 달아두면 비로소 메주가 되는 것이다.

요즘은 풋을 구경조차 할 수 없으니 그야말로 추억의 음식이 돼부린 거제."

겨울이 지나 완연한 봄이 되면 동네 여기저기에선 맷돌이 돌아가기 시작했다. 지금은 박물관의 전시용이 되어버린 맷돌이 당시엔 동네 사람들의 필수 주방 용품이었다. 마을에 큰일이 생길 때면 어김없이 돌아가던 맷돌. 입이 궁해져 별미가 생각날 때도 맷돌은 스륵스륵 쉽없이 돌아갔다. 그런 날은 온 동네 잔칫날이었다. 파르스름한 풋물에 말은 국수 한 그릇이면 그만한 경사가 따로 없었다.

"큰일을 치를 때면 맷돌에 콩을 갈아 두부를 맨글어 먹곤 했제. 직접 만든 두부는 무엇보다 깡깡하지를 않아서 좋아. 그란께 단단해지질 않는다는 얘기여. 식어도 부드럽고 신김치에 싸묵으면 그 맛이 기가 막혀부러. 요즘사 먹는 두부와는 비교도 할 수 없단께. 바로 고런 것들이 한국의 오리지날 음식인 거제."

무엇이든 귀하지 않은 것이 없던 시절, 두부는 큰일을 치를 때면 절대 빠질 수 없는 음식이었다. 그만큼 귀한 음식이었으니 된장국에 두부라도 몇 점 들어가면 바로 명품 된장국으로 탈바꿈되었다.

"된장국 속의 두부는 고기보다 맛난 거였제. 그때 절에서는 매끼 발우공양鉢盂供養을 했는디, 발우도 귀하다본께 양재기를 네 개씩 놓고 발우공양을 해부렀제. 그란디 두부가 들어간 된장국이 나오는 날, 국 담당자가 국을 어설프레 떠주믄 두부가 골고루 분배되질 않는 거여. 누구는 여러 점 먹고, 누구는 한 점이나 겨우 먹게 되는 불상사가 생기는 거제. 그래서 공양이 끝나믄 두부를 몇 점씩 먹었는지 서로 묻고 확인들을 하는 거여. 그날 운이 좋아서 두부를 많이 먹은 사람들한텐 '빡빡하게 먹어부렀다'며 부러워들 하고 그랬제."

 당시 두부는 고기에 버금가는 음식이었으니, 국에 넣으면 고깃국이요 기름에 지지면 로스구이요 찜을 하면 고기찜이 되는 몸이라 하겠다.

 "태안사에 있을 때는 두부찜을 자주 해먹곤 했제. 속가에서 생선조림 해먹듯, 절에서는 비슷하게 두부찜을 잘 해먹제. 하루걸러 밥상에 올라와도 질리지를 않았어. 두부찜을 할 땐 냄비 바닥엔 무를 깔아줘야 물기가 생기믄서 바닥이 타질 않혀. 그 위에 감자와 두부를 넙적하게 썰어 켜켜이 얹고, 양념장을 붓고 푹 익히믄 냄새가 고로코롬 구수할 수 없제."

 두부의 부드러움과 감자의 고소함이 어우러진 두부찜은 절집 사람이라면 마다하는 이가 없다. 육식을 금하는 절에서는 두부와 같은 콩 음식으로 고기 못지않은 단백질을 섭취한다. 그래서 콩을 이용한 음식들은 늘 베스트셀러요 스테디셀러의 자리를 차지한다. 그런 음식으로는 청국장이나 콩비지도 빼놓을 수 없다.

 콩비지는 두부를 만들고 난 후 덤으로 얻는 부산물. 이 부산물의 인기 또한 만만치가 않으니, 송송 썬 김치나 먹다 남은 나물 찬이 합세라도 하면 그 맛과 영양은 그야말로 '기가 막혀부린다.'

 늦가을이면 절집 마당에서 반드시 치르는 행사가 있었다. 콩 음식의 원조인 메주 만들기다. 그 원조를 만들기 위해서는 우선 커다란 가마솥에 물에 불린 콩을 쏟아 붓고 폭폭 삶아줘야 한다. 삶는 중간중간 콩을 뒤집어주는데, 콩이 익었는지 확인하기 위해 한 번씩 찍어 먹어보는 맛과 재미가 쏠쏠했다.

 메주콩이 적당히 익으면 마대자루에 넣고 끈으로 친친 동여매 커다란 함지박에 넣는다. 그런 후엔 장화 신은 발로 인정사정없이 밟아주는 것이다. 그렇게 곱게 다져진 콩을 예쁘장한 모양으로 잡아주면 된다. 동근 사각 모서리의 적당한 네모로 다듬어진 콩덩이. 짚더미 위에 자리 잡고 앉아 단단히 여물어간 고놈들을 짚으로 엮어 천장에 달아두면 비로소 메주가 되는 것이다. 그렇게 메주로 거듭난 콩덩이는 겨우내 큼큼한 냄새를 뿜어대며 부지런히 효소를 만들어낸다.

메주콩은 청국장이라는 또 다른 작품으로 거듭나기도 한다. 청국장 또한 절에서 빠질 수 없는 필수 단백질 식품. 그놈들의 발효법은 메주와는 남다른 데가 있으니, 말하자면 찜질방 체질이라 하겠다. 뜨끈한 바닥에 이불을 뒤집어쓰고 몸을 푹 지져줘야 발효가 되는 것이다.

옛날에는 청국장을 담기 위해 주로 떡시루와 같은 그릇을 사용했다. 바닥 쪽으로 공기가 통하도록 뜨뜻한 아랫목에 지푸라기를 깔고 청국장 담은 그릇을 올려놓는다. 그런 후에 천을 덮고 그 위에 다시 두꺼운 이불을 씌워준 후 뜨끈뜨끈하게 불을 때준다. 그렇게 일정 기간이 지나면 찐득찐득하면서 구수한 청국장이 완성된다. 몸을 뜨끈하게 지져 농익을 대로 농익은 청국장. 우리의 전통 천연 발효 식품인 메주와 청국장은 그렇게 일 년 내내 절집 밥상을 평정해왔다.

"예전에야 절 음식이라고 별 다를 게 있었간디. 속가든 불가든 없어서 못 먹었제. 그라니께 맛없는 음식이란 게 어디 있는감. 음식도 사실 내 마음먹기에 따라 맛이 결정되는 거제. 불가에서는 내 자신이 부처가 아닌감. 큰스님께서도 사람은 무한대의 힘을 가졌다고 늘 강조하셨제. 음식도 그러한 내가 필요해서 먹는 건디, 나쁘다고 생각하면 한없이 나쁘고, 좋다면 한없이 좋은 것이여. 그랑께 음식도 일체유심조가 아닌감. 암만 맛없는 음식도 요놈이 보약이다 생각허고 먹어불면 달게 먹히는 거여."

절에 찾아오는 사람이면 누구에게라도, "밥은 자셨는감?" 뱃속 안부부터 챙기는 스님. 절 마당에 발을 디딘 사람이면 일단 밥이든 차든 든든하게 먹이고 봐야 직성이 풀리니, 가히 인정어린 자비가 아닐런가.

걸진 전라도 사투리만큼 유머와 인정이 보글보글 끓어 넘치는 성후 스님의 마지막 당부는 이러하다.

"음식도 일체유심조랑께~"

네 번째 밥 이야기 | 광우 스님

제대로 말리고,
제대로 주물러야 제맛

깊어가는 가을, 절집 처마 한 귀퉁이엔 수확의 계절임을 알리 듯 무청이 주렁주렁 열린다. 싱싱하던 푸른빛을 내주고 노르스름한 빛깔로 익어가는 그네들은 하루하루 여물 대로 여물어간다. 그리하여 절집 가족의 든든한 식량이 되어주니, 처마 밑 한편을 떡하니 차지할 자격이 있고도 남음이다.

　무시래기는 그야말로 무의 부산물. 그런데 절집에선 '절집 소고기'로 불릴 정도라니, 부산물 치고는 꽤나 귀하신 몸인 듯싶다. 깔끔하고 담백한 절 음식을 좋아하는 스님들 치고 시래기의 열성 팬이 아닌 양반들이 없다 하니, '절집 공식 지정 음식'이라고 해도 과언이 아닐 것이다.
　양산 통도사의 광우 스님 또한 무시래기라면 껌뻑 죽는단다. 무시래기엔 된장 하나만 있으면 다른 양념은 전혀 필요치 않다는 스님. 스님은 이 두 가지 재료만으로도 누구나 '환장할' 만한 맛을 장담할 수 있단다. 단 그러기 위해선 조건이 따른다. 제대로 담근 된장과 조물조물한 손맛이 그것이다. 장맛과 손맛이 어우러져 시래기 속에 깊이 스며들면 뉘인들 그 맛에 넘어가지 않으랴.

"된장이 듬뿍 밴 뜨끈한 시래기 한 가닥을 밥 위에 '척' 하니 얹어 먹으면 구수하고 담백하면서도 감치는 그 맛을 뭐라 정확히 표현할 수도 없어요. 그런데 요즘은 예전 그 맛이 나질 않아요. 큰 절의 경우엔 워낙 대량의 음식을 만들어야 하는데다 주걱으로 대충 섞어 조리하기 때문에 겉맛만 돌 수밖에 없죠. 옛날 할머니들은 장맛이 충분히 배도록 손으로 한참 주물렀기 때문에 깊은 맛이 있었죠."

제대로 주물러주는 것, 이것이 바로 시래기나물의 비법이다. '그 시절 그 맛'에 근접하기 위해 우선시해야 할 또 다른 비법 하나는 '제대로 말려줘야' 한다는 것이다. 그러기 위해선 건조 장소가 무엇보다 중요한데, 시래기 최고의 명당 자리는 바람과 햇빛이 적절히 들면서 습한 기운이 없는 그늘 밑이다.

이렇듯 시래기는 조리법이랄 것이 딱히 없다. 그저 '열심히' 주물러 장맛이 충분히 배게 한 후, 팬에 기름을 두르고 달달 볶기만 하면 된다. 이것이 바로 절집 식구들이 다들 넘어간다는 시래기나물이다. 여기에 물을 약간만 붓고 끓여주면 시래기찌개요 물을 넉넉히 붓고 끓여주면 일명 남쪽 사투리 버전으로 씨라국시래기국이 된다. 물의 양을 조절하는 것만으로도 세 가지의 시래기 요리가 완성되니, 실로 '거저먹고 날로 먹는' 요리법이 아닐 수 없다. 단 거저먹고 날로 먹는 요리법에도 주의할 점이 있다. 찌개나 씨라국을 만들 때는 시래기를 잘게 썰어 조리하지만, 나물을 할 때는 무청의 원래 길이로 조리하는 것이 좋다. 그래야 그 옛날, 밥 위에 얹어 먹던 그 맛이 살아난다. 아마도 시래기의 진정한 맛은 '향수'가 아닐는지.

무의 끄트머리에 보잘것없이 달려 나와 자칫 버림에 처해졌을지도 모를 시래기. 다행히 옛 아낙네들의 지혜로 '인생 역전'의 운명을 맞았으니 시래기만한 팔자도 없는 듯하다.

'절집의 추동秋冬 음식 1호' 가을 무와 무시래기

무의 부산물이 이토록 귀할진대 그 본체의 가치는 오죽하랴. 시래기와 더불어 절집의 든든한 겨울 양식이 되어주는 것이 바로 무다.

절집에서 무의 존재는 속가에서와는 격이 다르다. 일반 가정에서야 주로 생선조림 등에 보조 출연하는 경우가 많지만, 절에서는 주인공으로도 모자란다. 달랑 무 한 개의 단독 출연만으로도 흥행성과 작품성을 모두 만족시킨다.

"무 하나로 할 수 있는 음식은 정말 많죠. 채를 썰어 푹 익히면 구수한 무나물이 되고, 고춧가루에 버무리면 무생채가 되고, 간장에 조리면 무조림이 되잖아요. 절에선 시원하게 뭇국도 많이 끓여 먹어요. 요맘때는 무말랭이를 만들어두었다가 겨우내 밑반찬으로 활용하기도 하죠."

하지만 뭐니 뭐니 해도 백미는 '김장 무'다. 무를 반 통 내어 김장할 때 함께 재워두면 그것만큼 후일을 확실히 기약해주는 찬도 없다. 맛이 알맞게 든 큼지막한 김장 무를 젓가락 하나로 쿡 찍어들면 산해진미도 부럽지 않유년 시절부터 절에서 생활한 광우 스님. 그런 스님에게 공양간 출입은 지극히 자연스러운 일이었다. 공양주 할머니들의 어깨 너머로 보고 배운 음식에 대한 기억이나 할머니들의 정성 어린 손맛은 지금도 생생하다.

으니 밥 한 그릇은 그냥 '뚝딱' 인 것이다.

"겨울밤에 무를 꺼내러 가던 기억이 아직도 생생해요. 옛날 절에서는 흙 구덩이 속에 무를 저장해두고 겨우내 필요할 때마다 꺼내 먹었거든요. 가을이 되면 무청은 잘라서 말리고, 무는 한쪽에 구덩이를 파서 돌려 넣고는 비닐과 밀짚과 흙을 덮어 겨우 손 하나 들어갈 만큼 구멍을 내놓죠. 그런데 그놈의 무 구덩이가 멀찍이 떨어져 있는데다 꼭 무덤처럼 생긴 거예요. 〈전설의 고향〉에서 '내 다리 내놔'가 한창 유행하던 때가 있었는데, 칠흑 같은 어둠 속에서 구덩이 안에 손을 넣고 더듬거리면 얼마나 무서웠던지…… 무를 꺼내들자마자 공양간으로 그냥 줄행랑을 치곤 했죠."

유년 시절부터 절에서 생활한 광우 스님. 그런 스님에게 공양간 출입은 지극히 자연스러운 일이었다. 겉절이를 한답시고 배추에 소금 대신 비료를 넣었던 일이며, 아궁이에 불을 지피다 졸아서 옷을 태워먹은 일, 매운 고추를 잘못 먹어 수돗가에서 부르튼 입을 종일 식혀야 했던 기억들. 그리고 공양주 할머니들의 어깨 너머로 보고 배운 음식에 대한 기억이나 할머니들의 정성 어린 손맛은 지금도 생생하다.

"당시의 음식들은 이제 보기 드문 음식이 되었죠. 가령 산초나 계피 같은 장아찌도 이젠 절에서조차 맛보기가 힘들어요. 특유의 향과 톡톡 터지는 맛, 특히 개운한 끝맛이 참 좋았죠. 그런 장아찌로 간을 하면 다른 간은 따로 안 해도 음식 맛이 뛰어나요. 절에선 주로 다시마나 버섯 등을 말려 조미료로 사용하는데, 야채를 오래 묵혀 우려낸 효소로 밑간을 하면 음식 맛이 더욱 깊어지죠."

큰절의 방장 스님이 오시는 날이면, 벽장 속에 숨겨둔 김을 꺼내 한 장한 장 헤아려 화덕에 굽던 기억도 엊그제만 같다. 지금은 흔하디 흔한 김이 한때는 금보다도 귀한 시절이 있었다. 하지만 시대가 변하면 음식의 맛과 가치도 변하게 마련. 절집 음식이라고 다르진 않다. 불과 일이십 년 전만 떠올려봐도 많은 변화가 일어났다.

"무엇보다 된장이 제맛을 잃어가면서 기본 음식의 맛도 많이 변했어요. 족보를 알 수 없는 음식들이 하루가 다르게 생겨나고, 김치의 맛 또한 달라진 지 오래됐어요. 예전엔 김치를 담글 때 배추에 고춧가루를 직접 넣지 않고 고춧물을 우려 붉은 기운만 돌게 했죠. 그 이전엔 소금간만 해서 주로 백김치로 먹었다고 해요. 소금간만 잘해도 아삭하면서 정말 맛있거든요."

이젠 절에서도 진짜 절 음식을 구경하기가 쉽지 않다. 그나마 절 근처 마을에 연로하신 노보살님이나 절 음식을 직업 삼아 연구하는 몇몇 사람들만이 그 옛날 음식들의 자취를 알고 있을 정도다. 절은 우리의 문화와 역사를 고스란히 담고 있는 곳이요 그 음식들은 귀중한 문화 유산이다. 조물조물한 손맛이 걸작이던 시래기나물이며, 장수를 헤아려 가며 화덕에 굽던 금쪽같던 김이며, 알알이 터지는 맛이 일품이던 산초장아찌…… 이젠 추억 속에서만 아스라이 남아 있는 음식의 기억들이 아쉬울 따름이다.

다섯 번째 밥 이야기 | **효상 스님**

월정사 꼬마들의
'비빔밥' 같은 인연과 추억

집 마당에는 고려 시대의 국보급 유물인 구층탑이 자리하고 있었다. 집 주변으로는 문수보살이 산다는 지혜의 산, 오대산이 둘러져 있고, 사시사철 푸름을 자랑하는 전나무 숲과 열목어가 헤엄치는 맑은 계곡은 유년 시절의 놀이터였다. 예부터 문수동자의 일화와 불교 5대 성지로 유명한 월정사. 그곳은 어린 시절의 추억을 고스란히 담고 있는 고향집이다.

경북 영덕에 장육사라는 소담한 절이 있다. "청산은 나를 보고 말없이 살라 하고, 창공은 나를 보고 티 없이 살라 하네"라는 게송으로 유명한 나옹 선사가 창건한 절. 그곳의 주지인 효상 스님에게 강원도 오대산의 월정사는 어린 시절의 추억이 고스란히 묻어 있는 고향집이다. 코흘리개 때부터 청년 시절까지 월정사에서 자란 스님에게 절은 곧 집이었다.

법당의 부처님은 물론이고 경내의 국보급 유물인 팔각구층탑과 석조보살좌상은 스님에겐 신앙의 대상이기 전에 성장기에 동고동락한 친숙한 존재다. 천년의 숨결을 담고 있는 오대산의 울창한 숲도, 열목어가 헤엄치는 맑은 계곡도 동네 놀이터와 다름이 없었으니, 우리에겐 남다른 모든 것이 스님에겐 매일매일 대하는 일상이었다. 음식이라고 다르랴. 채식단의 소박한 절간 음식은 일상의 음식이었다.

"어릴 때 가장 좋아했던 반찬이 감자조림이에요. 먹을거리가 변변치 않던 시절엔 강원도에서 제일 흔하면서도 친숙한 음식으로 감자만한 게 없었죠. 감자조림은 큰 감자를 썰어 간장에 조린 것보단 새끼감자를 통째로 조린 것이 훨씬 맛있어요. 그걸 겨울 내내 장아찌처럼 쟁여두고 먹었죠. 지금도 찬으로 감자조림이 나오면 그렇게 반가울 수가 없어요."

그 폭폭하고 고소한 맛은 하루가 멀다 하고 먹어도 쉽사리 질리지를 않았다. 찬으로는 물론이요 기름에 노릇하게 지진 감자부침이며 찐 감자는 간식으로도 그만이었다.

그 시절, 감자만큼 스테디셀러인 주전부리로는 누룽지도 빼놓을 수 없다. 당시 월정사에는 열여덟 명의 어린 꼬마 식구들이 살았는데, 가마솥의 누룽지는 그 어떤 과자와도 대적이 될 수 없었다. 설탕을 솔솔 뿌려 구수함에 달달함까지 더해진 '누룽지 과자'. '메이드 인 가마솥' 누룽지는 꼬마 식구들에게는 물론이요 스님들에게도 인기만점인 천연 과자였다.

"당시 월정사는 대중이 족히 사오십 명은 됐어요. 그래서 밥주걱의 크기나 모양새가 삽처럼 생겼었죠. 넙적하고 반짝반짝 빛나는 쇠삽으로 밥을 푼 다음, 불을 좀더 때주면 노릇노릇한 누룽지가 생기는 거죠. 누룽지 가장자

友

절을 집 삼아 살아온 수십 년의 세월 동안, 절집 비빔밥만큼 맛있는 음식은 없었다는 효상 스님. 아마도 스님은 비빔밥을 비빌 때마다 절에서 만나 형제와 같은 우애를 나눴던, 아름다운 인연들을 떠올릴지 모른다.

리를 삽 주걱으로 툭툭 쳐내면 노랗게 익은 누룽지가 발딱 일어나는데, 구수한 맛이 이루 말할 수가 없죠."

누룽지가 일상의 간식이었다면 특별한 날 먹는 간식도 있었다. 설 무렵이면 어김없이 만들어 먹던 유과가 바로 그것. 강냉이 튀기듯 두툼하게 튀긴 쌀과자에 조청을 입혀 눈가루마냥 뽀얀 쌀가루에 굴려낸 유과는 월정사 꼬마들에겐 아주 특별한 간식이었다.

절에서는 유과에 사용되는 조청도 직접 만들었다. 조청은 덤덤한 맛의 떡도 별미로 둔갑시키는 마력이 있었다. 하얀 가래떡을 조청에 꾹 하니 눌러 찍어 돌돌 말아 먹던 그 맛은 그야말로 꿀맛이었다. 주로 어른 스님들 방의 벽장이나 까치발로도 닿지 않는 높은 곳에 '모셔져' 있었던 조청 단지는 항시 절집 개구쟁이들의 표적이었다. 어른 스님이 방을 비울 때면 무기마냥 칫솔을 챙겨들고 잠입해서 조청을 칫솔대에 친친 감아 먹곤 했다.

'다락방 고공 침투'와 '동치미 습격 작전'

많은 세월이 흘렀지만, 예나 지금이나 절기 때면 절에서 변함없이 해먹는 음식이 있다. 바로 동지팥죽이다.

"동지는 '소설'이라고도 하는데 송구영신의 의미가 있어요. 그래서 동지팥죽을 먹어야 한 살 더 먹는다는 얘기도 나온 거죠. 절에서는 동지 때면 특별한 의미를 두어 팥죽을 쑤어 먹는 행사를 하곤 했어요. 당시만 해도 팥죽은 귀한 음식이었죠. 그래서 동지만 되면 어린 마음에 팥죽에 대한 탐심이 강해져서 꼭 두 그릇씩 챙겨 먹곤 했어요. 한 그릇은 그 자리에서 먹어치우고, 나머지 한 그릇은 상 밑이나 다락방 같은 곳에 감춰두었다가 나중에 꺼내 먹곤 했죠."

한번은 이런 일이 있었다. 여느 때와 다름없이 팥죽 두 그릇을 챙긴 스님은 한 그릇을 먼저 후딱 먹어치웠단다. 그런데 그날따라 친구들과 놀기 위해 마음이 바빴던 스님은 여분의 한 그릇을 숨겨둘 겨를도 없어 벽장 속 다락방 올라가는 입구에 대충 숨겨두었다. 한참을 놀다 돌아와서는 시장기도 발동하겠다 부리나케 팥죽을 챙겨 먹었는데, 이게 웬일인가. 달달한 그 맛은 온데간데없어지고, 도저히 먹을 수도 없을 만큼 이상야릇한 맛이 났다.

"팥죽에 그을음 냄새가 잔뜩 배어 있었어요. 알고보니 방 아궁이의 연기가 벽장 틈으로 들어와 팥죽에 죄다 스며들었던 거예요. 당시 월정사는 나무로 불을 때 난방을 하던 때라 방마다 아궁이가 있었거든요. 또 방마다 벽장이 있었는데, 벽장 속 계단이 다락으로 연결돼 있었죠. 그런데 동짓날은 한창 추울 때인데다 공양간에 일이 많다보니 아궁이마다 종일 불을 때워대야 했어요. 그래서 그 냄새와 연기가 다락과 벽장 속으로 스며들었던 거예요. 결국 그 아까운 팥죽을 눈물을 머금고 버릴 수밖에 없었죠."

바람 구멍이라도 숭숭 뚫린 듯 언제나 시원하고 서늘한 기운이 돌았던 벽장 안은 온갖 먹을거리들의 보관처이자 다락방으로 올라가는 출입구이기도 했다. 월정사는 특이하게 각 방의 다락이 모두 하나로 연결돼 있었다. 그러한 구조적 이유만으로도 다락방은 월정사 꼬마들의 은밀한 놀이터가 되기에 충분했다.

"우리는 창고 천장 쪽에서 '고공 낙하' 하는 것을 특히 좋아했어요. 다락과 다락이 연결되는 사이에 틈이 있었는데, 창고로 넘어가는 천장 쪽에 작은 구멍이 뚫려 있어 고공 침투하기에 아주 좋은 장소였거든요. 입이 심심하거나 출출할 때는 다락방에 올라가 그런 식으로 창고에 잠입해서 과일을 훔쳐 먹곤 했죠."

다락방 고공 침투 놀이만큼이나 잊히지 않는 기억이 있다. 이름 하여 '동치미 습격 작전'. 주로 겨울철 야심한 밤을 틈타 동치미 항아리를 습격하는 놀이였다.

"지금은 과일이며 떡이며 절에도 먹을거리가 넘쳐나지만, 당시엔 형편이 여유롭지 못했어요. 겨울철엔 더욱 그랬죠. 그러면 그런대로 주변에 널린 흔한 먹을거리가 별미가 되곤 했죠. 그중의 하나가 동치미예요. 월정사는 동지가 되면 겨우내 먹을 동치미를 담가 공양간 뒤꼍에 보관해두는데, 우리는 저녁마다 '조'까지 짜서 동치미 탈환 작전을 벌였죠. 그 동치미 무가 얼

월정사의 다락방 고공 침투 놀이만큼이나 잊히지 않는 기억이 있다. 이름 하여 '동치미 습격 작전'. 주로 겨울철에 야심한 밤을 틈타 동치미 항아리를 습격하는 놀이였다.

마나 시원하고 맛있던지, 입에 하나씩 그득하게 물고는 우적우적 씹어대던 기억이 아직도 생생해요."

저녁 9시가 되면 삼경종^{취침종}을 울리고, 새벽 3시면 일어나 북과 대종을 치며 예불 준비를 하곤 했던 열여덟 명의 꼬마들. 그렇게 한 방에서 동고동락하며 스님들과 다를 바 없는 생활을 했던 말썽 많은 개구쟁이들은 월정사의 어린 수행자들이기도 했다.

월정사 스님들 중에는 부성애가 강한 스님이 더러 있어 어린 식구들의 아버지가 돼주기도 했다. 당시 법당 일을 총괄하는 '노전'이라는 소임을 맡던 스님이 한 분 계셨는데, 그 스님 또한 아이들 사랑이 남달랐다.

"노전 스님은 우리들을 대중목욕탕에 데려가기도 하고, 목욕이 끝난 후엔 자장면을 한 그릇씩 사주곤 하셨죠. 또 개인 돈을 털어 분유를 사서 취침 30분 전에 한 그릇씩 물에 타서 아이들에게 먹이곤 했어요. 나중엔 그것이 습관이 돼서 스님이 안 계실 때도 우리끼리 분유를 사다 타먹곤 했죠."

한창 자랄 나이에 고기 한번 양껏 먹지 못하는 아이들이 안타까웠는지, 노전 스님은 청소년기의 아이들을 시내로 따로 불러내어 불고기를 사주기도 했다. 또 맥주를 한 잔씩 돌리면서 술 먹는 예법을 일러주기도 했다.

때론 자상하고 때론 엄격한 아버지와도 같은 스님들의 보살핌 속에서 남남으로 만나 자란 열여덟 명의 아이들. 그네들은 그렇게, 너와 내가 남이 아님을 생활 속에서 자연스레 터득해갔다.

"우린 도시락을 직접 싸서 학교에 다녔어요. 형뻘 되는 아이들이 동생들의 도시락까지 챙겨주곤 했죠. 공양간 보살님과 행자님들이 만들어놓은 밥과 찬을 도시락에 담기만 하면 됐는데, 사실 반찬이 늘 불만이었어요. 절집

반찬이라야 김치와 나물밖에 없으니 우리의 도시락 메뉴는 늘 고정불변일 수밖에 없었죠."

주로 김치와 무말랭이와 나물이 삼각 구도를 이뤘던 도시락. 점심시간이면 도시락 뚜껑을 열기가 창피할 정도로 아이들의 도시락은 소박함의 극치를 보이곤 했다. 하지만 겨울에는 김치 하나만으로도 남부럽지 않은 점심을 먹을 수 있었다. 비결은 바로 '난로'.

"겨울철이면 학교에서도 장작으로 난로를 땠어요. 그러면 우리는 도시락을 쌀 때 맨 밑바닥엔 신김치를 깔고, 참기름을 몇 방울 떨어뜨리고 그 위에 밥을 올렸죠. 그런 날은 가방에 김칫국물이 새어나오지 않도록 학교까지 조심스레 운반해야 했어요. 귀찮기도 했지만 그만한 보람이 있었던 게, 도시락을 난로 위에 올려놓으면 점심시간 즈음엔 노릇노릇하게 누룽지가 생기면서 따끈하고 맛있는 비빔밥을 먹을 수 있었거든요."

절을 집 삼아 살아온 수십 년의 세월 동안, 절집 비빔밥만큼 맛있는 음식은 없었다는 효상 스님. 이유를 불문하고 그저 무조건 맛있단다. 스님이 이토록 비빔밥을 사랑하는 까닭을 딱히 알고 싶다면 비빔밥을 비벼 '찬찬히' 먹어볼 일이다. 콩나물과 시금치, 고사리 등의 온갖 나물과 밥, 고추장 등 제각각의 음식이 한 그릇에서 만나 어우렁더우렁 어우러지지 않는가. 그리하여 '비빔밥'이라는 근사한 음식이 완성되지 않는가. 아마도 스님은 비빔밥을 비빌 때마다 절에서 만나 형제와 같은 우애를 나눴던, 아름다운 인연들을 떠올릴지 모른다.

여섯 번째 밥 이야기 | **효림 스님**

맛나고
자유자재로운 밥이야기

소금간이 전부였던 멀건 콩나물국, 간장 하나로 버무린 나물 찬, 소금물에 노랗게 절인 오이짠지…… 고기는 언감생심이요 나물에 떨어뜨린 참기름 몇 방울이 고작이었던 고향 시절의 음식은 담백하기 이를 데 없었다. 가난했지만 어머니의 손맛과 정성이 담긴 그 시절의 음식은 세상에서 가장 맛나고 건강했던 최고의 음식이었다.

"여태껏 살아오면서 어머니가 해주신 음식만큼 맛있는 음식을 먹어본 적이 없어요. 아마 누구나 마찬가지일 거예요. 자기에게 가장 친숙한 음식이 가장 맛있게 느껴지는 법이니까요. 대개의 스님들이 담백한 음식을 선호하는 것도 절에 살면서 그런 음식에 익숙해졌기 때문이죠. 그러니 맛있는 음식이란 객관적인 기준을 정할 수가 없죠."

효림 스님은 대부분의 스님들이 그렇듯 담백한 음식을 좋아한다. 출가 전에는 '가난한 덕분'에, 출가 후에는 '절에 사는 덕분'에 가벼운 음식으로 몸과 정신을 맑게 할 수 있었으니, 그 또한 '복'이라면 복이다.

모든 것에는 절대적인 기준이 없다. 음식도 마찬가지다. 질퍽한 양념의 음식을 즐겨 먹던 사람에게는 질퍽한 음식이 맛난 법이요, 담백한 음식에 길들여진 사람들에겐 담백한 음식이 가장 맛있는 법이다. 그러니 부처님의 '무유정법無有定法'(정해진 법이 없다)은 음식에도 해당되는 말일 테다.

성남 봉국사의 효림 스님은 대부분의 스님들이 그렇듯 담백한 음식을 좋아한다. 출가 전에는 '가난한 덕분'에, 출가 후에는 '절에 사는 덕분'에 가벼운 음식으로 몸과 정신을 맑게 할 수 있었으니, 그 또한 '복'이라면 복이다.

"그래서 저는 가급적 조리하지 않거나 조리를 하더라도 간단하게 조리한 음식들을 좋아해요. 흔히 프랑스나 중국이 요리를 잘한다고 하는데, 제 생각에는 그렇지 않아요. 복잡한 양념으로 지지고 볶은 음식들은 맛도 그렇거니와 건강을 위해서도 그다지 좋은 음식들이 아니죠."

일례로, 일본의 생선회를 보자. 거기에 별다른 조리가 필요한가. 단지 생선에 칼질을 해서 내놓았을 뿐인데도 세계적으로 인정받는 고급 요리로 대접받지 않는가. 굳이 일본의 요리를 예로 들 필요도 없다. 우리네 부엌 한 귀퉁이에서 익어가는 동치미만 봐도 알 수 있다. 무를 통째로 소금물에 담가놓았을 뿐인데도 소금의 짠기와 절묘하게 어우러진 시원달큼한 그 맛은 표현할 길이 만무하다. 최소의 조리로 재료의 맛을 최대한 살린 음식이야말로 스님이 추천하는 '좋은 음식'이다.

"제 어릴 적엔 속가 음식이나 절 음식이나 크게 다를 게 없었어요. 궁핍한 시절이니 고기는 거의 먹을 수도 없었고, 이것저것 양념할 재료조차 넉넉하질 않아 음식 간도 최소한만 해서 먹었지요. 참기름도 병에 지푸라기를 꽂아두고, 필요할 때면 그 지푸라기를 꺼내 끝에 묻어 있는 한두 방울만 떨어뜨려 사용했어요. 그러니 참기름 한 병이면 대살림에도 1년을 쓰고 남았죠."

스님의 어머니는 음식 솜씨 좋기로 소문난 분이었단다. 어머니의 음식은 군더더기 없이 깔끔하고 담백했다. 당시엔 음식의 간을 대부분 간장으로 했기 때문에 "한 집안의 음식 맛은 간장에서 나온다"는 말이 있을 정도였다. 스님네 간장은 동네에서도 소문이 자자해 어머니는 음식 품앗이로 동네 잔칫집에 불려갈 때마다 집에서 담근 간장을 잊지 않고 챙기셨다. 그만큼 그 시절의 식생활에서는 간장만큼 중요한 양념도 없었다. 음식 전체의 맛을 좌우한다고 해도 과언이 아니었으니, 잘 담근 간장과 손맛 하나면 최고의 맛을 보장하고도 남았다.

"어머니가 해주신 음식 중에 가장 기억나는 게 콩나물냉국이에요. 지금도 그 국을 참 좋아하는데, 특별한 양념도 필요없고 물에 끓여 소금간만 하면 되죠. 모양을 조금 낸다면 실고추 몇 가닥만 넣을 뿐이지, 여기에 맛을 더 내겠다고 마늘을 찧어 넣는다든지 파나 고춧가루 등을 넣으면 첨가하는 만큼 콩나물의 맛은 사라지게 되죠."

어린 시절 콩나물에 대한 기억은 정겹기만 하다. 내 집이 네 집이고, 네 집이 곧 내 집과 다름없던 그 시절엔 집집마다 콩나물을 직접 길러 먹었다. 특히 여름이면 아예 콩나물 단지를 우물가에 내놓고 길렀는데, 단지의 모양새만 봐도 뉘 집 콩나물이라는 것쯤 훤히 알 수 있었다. 하지만 소유의 분별이란 없었으니, 걷어다 먹는 사람이 주인이었다. 내 집 네 집 할 것 없이 먹기 좋게 자란 순으로 뽑아 먹고 주인에게 말 한마디 해주는 예의 정도만 차리면 될 뿐이었다.

우리네 밥상에서 콩나물 못지않게 만만한 것이 무다. 아삭한 무김치는 물론이요, 살캉살캉 구수한 무나물이며, 고춧가루에 깔끔하게 버무린 무생채, 무밥, 무찜 등 온갖 버전으로 밥상에 올라오는 무라는 음식은 예나 지금이나 일 년 내내 먹어도 질리는 법이 없다.

"무는 적을 해먹어도 맛있어요. 경상도에서는 부침개를 적이라고 하는데, 나이에 따라 입맛도 변하는지 예전에는 고구마적이나 감자적이 맛있더니 점점 무적이나 배춧잎적이 좋아지더군요. 무적은 식으면 특유의 냄새가 나서 싫어했는데, 그것도 익숙해지니 그 냄새와 맛을 아주 좋아하게 됐죠. 나이가 들수록 수분이 많고 달착지근한 음식을 좋아하게 되는가 봐요."

향수 어린 음식 중에는 오이지도 빼놓을 수 없다. 여름이면 어머니는 소금물에 담가두었던 오이지를 꺼내 장아찌나 냉국을 만들어주곤 했다. 스님은 특히 오이지냉국을 좋아했는데 그 또한 별다른 조리란 없었다. 오이지를 썰어 물에 헹구어 짠기를 씻어낸 다음, 시원한 우물물에 담가 먹으면 그만이었다.

가장 익숙한 것이 가장 맛있다

혼자 살림을 하던 토굴 생활의 내공 덕일까. 효림 스님은 '도'의 경지에 이르렀을 만큼 '자유자재로' 밥을 짓는다. 그 자유자재라 함은 이러하다. 일단 밥물의 양은 '흘끔' 보기만 해도 '척' 하고 아는 것이 기본이요, 1인분이든 수십 명 분이든 양과 상관없이 뜸이 잘 들은 고슬고슬한 밥을 지을

식생활에서는 간장만큼 중요한 양념도 없었다. 음식 전체의
맛을 좌우한다고 해도 과언이 아니었으니, 잘 담근 간장과
손맛 하나면 최고의 맛을 보장하고도 남았다.

수 있어야 한다. 또한 밥물의 양과 상관없이 화력 조절만으로도 죽밥을 된밥으로 만들 수 있다 하니, 밥 짓기에 있어서는 이미 '대자유인'이 된 지 오래다.

"옛날 어른 스님에게 배웠던 밥 짓는 비법 한 가지를 알려드릴게요. 등산을 하거나 산장에 머물면서 밥을 지을 때 설익게 되는 경우가 있지요. 그럴 때 소주를 붓고 다시 뜸을 들여보세요. 소주의 양은 밥 2인 분을 기준으로 소주 한 잔 정도면 적당해요. 가마솥에 밥을 많이 지을 때 밥이 설면, 소주를 네댓 병 정도 붓고 뚜껑을 덮고 뜸을 들이면 돼요. 그러면 놀라울 정도로 밥이 맛있게 지어지죠. 물론 밥 짓기에 숙달되면 그럴 필요도 없지만요."

밥 짓기의 자유자재함이란 비단 이것만이 아니다. 스님은 절에 찾아오는 손님들에게 직접 밥을 지어주기도 하는데, 그런 경우에도 스님만의 남다른 비법이 있다. 여러 종류의 찬을 상에 늘어놓는 게 아니라 밥을 지을 때 '몽땅' 털어 넣는 것이다. 단 먹기 좋게 재료를 쫑쫑 썰어주는 기본쯤은 갖추는 것이 좋다. 말하자면 밥과 찬의 '한 그릇화' 전략이라고 하겠다. 밥 한 그릇에 모든 찬이 들어가므로 먹는 사람도 간편하고, 상을 차리고 설거지하는 번거로움이 줄어 대접하는 사람도 편하니, 그야말로 '누이 좋고 매부 좋은' 전략이 아닐 수 없다. 하지만 무엇보다 중요한 것은 맛이 아니던가. 스님의 설명인즉 "한번 그 맛을 본 사람들은 다들 넘어갈 정도"라니, 그 부분에 대해선 염려를 붙들어 맬 일이다.

"그렇게 하면 수많은 종류의 밥을 지을 수 있죠. 그날 밥에 넣는 찬에 따라 야채밥도 되고 나물밥도 되고 김치밥도 되는 거죠. 마른 표고버섯이 있으면 잘게 부숴 넣어도 되고, 우려 마시고 남은 녹차 잎 찌꺼기를 넣고 밥을 해도 좋아요. 또 장을 넣고 밥을 지어도 맛있어요. 밥할 때 장만 넣어주면 된장밥, 고추장밥, 청국장밥이 되는 거지요. 청국장밥이 특히 별미지요."

오늘날의 음식 문화와 식습관에는 많은 변화가 생겼다. 기름이나 혀를 자극하는 강한 양념 맛에 알게 모르게 길들여져버린 것이다. 재료 자체의 맛이 아닌, 양념 맛으로 음식을 즐겨온 것이다. 예전에는 없던 온갖 성인병과 비만 인구의 증가는 이러한 식습관의 변화가 가져온 결과라 하겠다.

"절 음식에도 실은 많은 변화가 생겼지요. 옛날에는 나물을 볶을 때 기름을 사용하지 않았어요. 나물 자체에서 물이 나오기도 하고, 볶을 때 쌀뜨물이나 들깨물을 넣었지요. '볶는다' 는 개념 자체가 달랐던 거예요. 요즘처럼 기름을 넣고 볶는다는 개념이 아니었어요. 물기를 자작하게 해서 푹 익혀 그 국물과 함께 조리하는 것을 말하는 거였죠."

그렇게 볶은 나물에 양념이라곤 간장이 전부였다. 정 서운할 때는 참기름 한두 방울 정도 떨어뜨리면 그만이었다. 지금의 입맛에는 덤덤할지 몰라도 재료 본래의 맛이 살아있어 깊이의 차원이 달랐다. 하지만 근자에는 절에서조차 그런 나물을 먹어볼 수 없으니 안타까울 뿐이다.

"요즘은 지나치게 기름진 고열량의 음식들을 선호하죠. 그 맛에 습관이 들어서 더 맛있게 느껴지고 더 자주 찾게 되는데, 문제는 건강을 해친다는 거예요. 옛날에는 없던 비만이 심각한 문제가 되고 있는데, 다이어트를 하겠다고 아무리 굶고 소식을 한들 그러한 식습관을 바꾸지 않으면 소용이 없어요. 저칼로리 음식은 과식을 해도 쉽게 살이 찌지 않으니, 처음엔 입맛에 맞지 않더라도 채식 위주의 담백한 음식들로 식단을 바꿔보세요."

입맛 하나만 바꾸면 자연스럽게 해결될 일. 결과에 대한 원인을 찾아보면 문제의 답은 의외로 단순하다. "가장 익숙한 것이 가장 맛있다"는 원리만 이해해도 가볍고 건강한 몸으로 살아갈 길이 보인다. 그러고 보니 가난한 시절의 음식들은 하나같이 웰빙 아닌 것이 없었다. 그렇다면 오늘부터라도 그 옛날 향수 어린 식단으로 밥상을 차려봄이 어떨까. 그것에 차츰 익숙해지면 건강은 물론 절로 다이어트가 될 것이다.

일곱 번째 밥 이야기 | 홍승 스님

대중이 원하면
'이태리 빈대떡'도 '절집 빈대떡'이 된다

제사가 있는 날이면 녹두전을 부치기 위해 꼭두새벽부터 맷돌을 돌려야 했다. 비몽사몽에 맷돌이 돌아가는지 내가 돌아가는지도 알 수 없었으니, 한동안 녹두전이라면 진절머리가 났다. 하지만 출가 후 입맛 까다로운 스님들을 위해 기꺼이 맷돌을 돌리니, 어린 시절부터 갈고닦아진 제 버릇을 어찌하랴.

맷돌과 씨름할 일이 없어진 지도 오래다. 버튼 하나만 누르면 제아무리 단단한 덩어리들도 다져지고 부서지고 으깨어지니 말이다. 날쌘 '신종 맷돌'의 등장에 우리의 '토종 맷돌'은 쓸쓸히 자취를 감추게 되었다. 하기야 생김새도 매끈하고 고성능 모터에 멀티플레이어급 기능까지 갖췄으니 그 기세에 어찌 기죽지 않으랴. 토종 맷돌만큼 투박하고 깊은 맛을 뽑아내진 못할지라도 그 편리함의 유혹을 마다하기란 힘들다.

"아버지가 이북 사람이라 이북 음식인 녹두전을 유독 좋아하셨죠. 무슨 날만 돌아오면 녹두전을 커다란 채반으로 두 채 반도 넘게 부쳐 온 동네 사람들과 나눠 먹어야 직성이 풀리셨어요. 그때는 맷돌로 녹두를 갈아야 했으니 그 많은 녹두전을 부치려면 새벽부터 일어나 맷돌을 돌려야 했죠."

"옛날엔 제삿날이나 잔칫날이면 꼭 빠지지 않는 음식이 녹두전이었어요. 아버지가 이북 사람이라 이북 음식인 녹두전을 유독 좋아하셨죠. 무슨 날만 돌아오면 녹두전을 커다란 채반으로 두 채 반도 넘게 부쳐 온 동네 사람들과 나눠 먹어야 직성이 풀리셨어요. 지금처럼 믹서라도 있다면 조금은 수월했을 텐데, 그때는 맷돌로 녹두를 갈아야 했으니 그 많은 녹두전을 부치려면 새벽부터 일어나 맷돌을 돌려야 했죠."

사찰 음식 전문가인 홍승 스님. 스님의 요리 연마는 그때로 거슬러 올라간다. 스승에게 글을 배우기 위해 몇 년을 먹만 갈아야 했다는 옛 일화들처럼, 맷돌이 돌아가는지 내가 돌아가는지도 모를 만큼 비몽사몽으로 맷돌을 돌려댔더란다. 그러니 녹두전 만드는 솜씨가 그 어디에 내놓은들 뒤질 수 있으랴.

믹서라는 기계 덕분에 꼭두새벽부터 일어나 맷돌과 무아지경에 이르는 사정에서는 벗어났지만, 녹두전을 만들기란 원체 만만한 일이 아니다. 보통 정성으로 되는 음식이 아닌지라 하루 전부터 녹두를 불려야 하는 수고로움은 기본이요 여느 부침개와는 달리 여러 가지 재료가 들어가야 제맛이 나니 준비할 것이 한두 가지가 아니다. 게다가 요령을 모르면 퍽퍽하거나 질퍽해지기 십상이라 알고보면 이만저만 까다로운 음식이 아니다.

"제가 출가한 절에서도 녹두전을 자주 해먹었어요. 큰스님께서 아버지만큼이나 녹두전을 좋아하셨거든요. 그런데 경상도 지역이라 이북 음식인 녹두전을 제대로 만들 줄 아는 분이 없었어요. 저야 어릴 때부터 신물이 날 정도로 만들어봤으니 제대로 맛을 내는 법을 훤히 알고 있었죠. 하지만 출가한 지 얼마 되지도 않아 어른 스님들 하는 일에 알은체할 수도 없고, 속만

태우고 있었죠."

스님의 우려는 적중해서 큰스님은 녹두전을 한두 점 떼어 드시고는 나중에 먹겠다며 밀쳐놓곤 하셨다. 그러던 중 마침내 스님에게도 기회가 찾아왔다.

"암자 식구들끼리 조촐하게 녹두전을 해먹을 기회가 있어 제가 만들어보겠다고 자청했죠. 김치와 숙주나물, 고사리, 표고버섯 네 가지 재료를 넣고 제 방식대로 만들었어요. 재료를 넣을 때는 데치거나 물기를 꼭 짜서 넣어야 해요. 그렇지 않으면 물이 생겨서 반죽이 질어지죠. 김치도 물에 빨아서 하루 전에 물에 담가두었다가 짠맛과 신맛을 제거한 후에 꼭 짜서 다져 넣어야 해요."

부수적인 재료도 중요하지만, 녹두전의 생명은 뭐니 뭐니 해도 녹두다.

"녹두를 믹서에 한꺼번에 갈아서 사용하기 쉬운데, 그러면 팬에 부치는 동안 갈아놓은 녹두가 삭게 마련이죠. 그래서 녹두는 그때그때 갈아서 바로 부쳐내야 고유의 맛을 살릴 수 있어요. 맷돌에 갈아 만든 녹두전이 맛있는 건 바로 그런 이유예요. 더디 갈리다보니 녹두가 삭을 시간이 거의 없거든요. 옛날 방식이 번거롭고 손이 많이 가는 건 사실이지만, 그만큼 맛의 깊이가 있어요."

수십 년 내공으로 만든 녹두전을 드신 큰스님은 "누군지 제대로 만들었다"며 칭찬을 아끼지 않았단다. 신심으로 충만하던 그 시절, 큰스님께 공양 한 끼 올리는 것만도 커다란 복을 짓는 일이거니와 큰스님의 칭찬 한마디 듣는 그 순간은 코흘리개 시절 이래로 맷돌과 씨름한 내공이 빛을 발하는 순간이었다.

절집의 부침개 열전

고소함이나 영양가로 따지자면 '부침개의 최고봉'이라 할 만한 녹두전. 녹두전만큼이나 맛에서도 뒤지지 않을뿐더러, 냉장고에 굴러다니는 한두 가지 재료만으로도 쉽게 만들어 먹을 수 있는 부침개의 종류는 무궁무진하다. 서민의 부침개를 대표하는 김치전에서부터 감자전, 호박전, 고추전, 배추전 등 그 어떤 재료도 부침개로의 변신이 가능하다.

"절에서는 부침개를 자주 해먹는 편이에요. 채식을 하다보니 지방 섭취가 부족해지기 쉽거든요. 여름에 주로 해먹는 상추대전은 스님들이 특히 좋아하죠. 상추 잎을 따고 남은 대 부위를 두드려 이파리째 전을 부치는데, 얼마나 맛있는지 몰라요. 가을은 무가 맛있는 철이라 무배추전을 해먹기도 해요. 무를 두툼하게 썰어 살짝 데친 뒤 부쳐 먹으면 그렇게 맛있을 수가 없죠."

봄에는 가죽나물로 가죽전이요 여름에는 상추대전이요 가을이면 무전이라. 겨울에는 김장김치 속을 탈탈 털어내고 지져낸 김치전도 빠질 수 없다. 또한 여름에서 가을로 넘어가는 절기에는 호박이 제철. 애호박을 채치고 청양고추를 잘게 다져넣어 만든 호박전은 별미 중의 별미다. 이렇듯 제철 채소를 숭숭 썰어 기름에 노릇하게 지져내는 것만으로도 사계절을 대표하는 별미가 되니, 자연의 법을 따르는 것이 절 음식이다.

대중 처소의 공양은 아침에는 발우공양, 점심에는 상공양床供養(상차림 식), 저녁에는 오후불식午後不食(오후 이후에는 음식을 먹지 않는 것)을 하는 스님들을 고려하여 자유 공양으로 이어진다. 따라서 부침개와 같은 별식은 주로 점심 공양에 마련된다.

新

"요즘은 스님들도 신세대 출신들이 늘어나 식성이 예전과 많이 달라졌어요. 아이스크림이나 원두커피, 피자 같은 음식을 좋아하는 세대들이다보니, 새로운 사찰 음식이 하나들 개발되기도 하죠. '사찰 피자'가 대표적이에요. 어느 절에서 피자 공양을 받게 되어 알게 됐는데, 원조가 누구인진 몰라도 피자를 무척 좋아하는 어떤 스님이 절집 식으로 개발하셨을 테죠."

"간혹 큰방 스님들이 대중의 음식을 만들기 위해 울력을 나오기도 해요. 각 소임별로 나눠 음식을 준비하는데, 일만 하면 지루하잖아요. 그래서 돌아가며 노래도 하고, 농담도 주고받고, 라디오나 음악을 듣기도 하면서 일을 하죠. 조용히만 지내다가 공양간 울력이라도 나오면 왠지 모르게 흥겨워져요. 스님들도 그런 날만큼은 부침개를 부치고 수다도 떨어가며 동네 아낙들이 돼보는 거예요. 어찌 보면 작은 일탈인 셈이죠."

큰절에서는 음식을 만들 때 역할별로 분담을 한다. 소임에 따라 명칭이 있는데, 차를 준비하는 사람은 '다각'이라 하고, 국 끓이는 사람은 '갱두', 반찬은 '채공', 밥은 '공양주', 그리고 전을 부치는 사람은 '자색'으로 불린다. 자색은 주로 공양간 일에 어느 정도 익숙해진 스님들이 맡게 된다.

사찰 음식 연구가로 활동하는 홍승 스님은 사찰 요리 책자와 인터넷 사이트를 통해 새로운 절 음식을 꾸준히 개발하고 보급하고 있다. 스님은 일반인들의 입맛에 친근하게 다가갈 수 있는 퓨전 사찰 음식 개발에도 노력을 아끼지 않는다.

"요즘은 스님들도 신세대 출신들이 늘어나 식성이 예전과 많이 달라졌어요. 아이스크림이나 원두커피, 피자 같은 음식을 좋아하는 세대들이다보니 새로운 사찰 음식이 하나둘 개발되기도 하죠. '사찰 피자'가 대표적이에요. 어느 절에서 피자 공양을 받게 되어 알게 됐는데, 원조가 누구인진 몰라도 피자를 무척 좋아하는 어떤 스님이 절집 식으로 개발하셨을 테죠. 그러한 음식들이 각 절 스님들에게 구전되어 알려지면서 새로운 사찰 음식으로 정착되기도 하죠."

두툼한 감자전 위에 김치와 온갖 야채를 케첩에 버무려 얹고, 마지막에 피자 치즈를 뿌려 전자레인지에 돌리기만 하면 완성된다는 사찰 피자. 이 피자는 먹는 법도 또한 남다르니, 반죽이 질어 손으로 들고 먹을 수 없기에 젓가락 사용이 필수란다.

홍승 스님의 요리 원칙 중 하나는 기존의 방식만을 고집하지 말자는 것이다. 옛 전통을 있는 그대로 전승하는 것도 중요하지만, 새로운 전통을 창조해가는 일도 그만큼 중요하기 때문이다. 변화의 흐름에 맞춰갈 수 있는 융통성은 전통의 발전을 북돋우기도 한다.

"궁중 음식의 경우엔 자료가 남아 있어 재현이 가능하지만 사찰 음식은 그러질 못해요. 어느 지역, 어떤 절에 어떤 음식이 유명하다면 직접 찾아가서 그 절 어른 스님에게 여쭤보는 방법밖에 없어요. 절 음식은 대개 구전으로 전해온 작자미상이 많거든요. 그런데 구전된다는 것은 그만큼 여러 스님들의 입맛에 잘 맞고 영양 보충에 필요했다는 얘기죠. 시대가 변하면 사람들의 입맛과 기호도 자연스레 변하게 마련이잖아요. 절집 음식도 크게 다를 건 없어요."

절에서는 계율만큼 존중되는 것이 대중의 의견이다. 그래서 "대중이 원하면 소도 잡아먹는다"는 말이 있다. '사찰 피자'는 아마도 절집 담벼락 아래에서 속가의 피자를 못내 그리워했을 한 스님의 발상에서 시작되지 않았을까. 그 스님의 마음 사정은 결국 대중의 마음과도 통했을 것이니, 어쩌면 세월이 흘러 절집에서는 이런 말도 떠돌지 모를 일이다. "대중이 원하면 이태리 빈대떡도 절집 빈대떡이 된다"는.

02
음식을 하는 자의 도리와 먹는 자의 도리

여덟 번째 밥 이야기 | **성전 스님**

부성父性의
자비가 베풀어준 공양

절 음식은 단출하다. 이른 아침에는 죽 한 사발에 단무지 한두 쪽이요 점심과 저녁에는 찬 서너 가지에 국 한 그릇이면 족하다. 소박하게 먹으면 마음까지 배부른 것을. '소식'의 즐거움은 그러한 것이 아니랴. 가볍게 먹어 마음까지 자유로워지니, 진짜 '성찬'이 아닌가.

전라도 동리산 자락에 있는 태안사는 제사가 있는 날이면 "쿵쿵~" 떡방아 찧는 소리로 가득했다. 정겨운 리듬으로 고즈넉한 산사에 울리는 떡방아 소리는 공양간 근처로 사람들을 하나 둘 불러들였다. 떡메는 꽤나 묵직해서 서너 번 제대로 내리치면 어지간한 장정도 맥을 못 출 정도. 한편 모여든 구경꾼들은 떡을 잘 치네, 못 치네, 힘을 더 써야겠네 하면서 유쾌한 리듬을 보태곤 했다.

"채소나 곡식 한 알갱이도 저마다의 성질을 갖고 있는 법"이라던 큰스님의 말씀처럼 찹쌀이라고 그 성질이 어디 갈까. 구경꾼들의 입담 속에 바통을 이어받듯 몇몇 사람의 손을 거친 떡메에는 꼬들꼬들하면서도 녹녹한 찹쌀 반죽이 척 하니 들러붙으니, 이내 떼어내기도 버거울 만큼 찰기 어린 자성을 드러내고야 만다.

시루 속 삼베보자기 안에서 적당히 익은 찹쌀을 찧을 때는 요령이 있다. 처음엔 찹쌀알이 성글어 날아가기 쉬우므로 약하게 살살 찧어야 한다. 중간중간에 소금으로 간하면서 찧다보면 찰기가 더해지고 방아의 세기와 속도 또한 더해진다. 방아를 찧을 때는 옆에서 이를 도와주는 보조자가 필수이니, 일명 방아 어시스트라 하겠다. 방아가 올라가서 내려오는 동안 방아 어시스트의 역할은 참으로 중요하다. 찹쌀 반죽이 고루 찧어지도록 잽싸게 손을 넣어 모양새를 다듬어주는 것이다. 이때 방아의 속도에 맞춰 리듬을 제대로 타지 못하면 밀어 넣은 손의 신세도 찹쌀 반죽이 될 일이니, 방아 어시스트도 아무나 할 수 있는 일은 아닌 듯하다.

녹녹히 찧어진 찹쌀 반죽은 널따란 판 위에서 콩가루, 팥가루와 만나게 된다. 모래찜질이라도 하듯 콩가루, 팥가루와 한바탕 놀아나다 보면 어느새 새로운 몸으로 태어나는 것이다. 그것을 먹기 좋은 크기로 자를 때도 나름의 법도가 있는 법. 칼로 숭덩숭덩 자르면 될 것이라는 생각은 무지의 소치라, 찹쌀의 자성과 궁합이 딱 들어맞는 짝은 따로 있다. 바로 손때가 묻을 대로 묻은 반질한 솥단지 뚜껑이나 얄실한 접시가 그것이다. 그 또한 생김에 맞게 반죽 위로 굴렁쇠 굴리듯 하면 제아무리 끈기 어린 성질도 당할 재간이 없으니, 이내 보기에도 먹기에도 좋은 찹쌀떡이 된다.

《빈손》《행복하게 미소 짓는 법》 등의 저자이자, 불교방송의 인기 프로인 〈행복한 미소〉의 진행자인 성전 스님은 그 시절의 추억만으로도 속이 든든하단다. 찰떡의 정겨운 기억들이 공한 마음까지 차지게 하니 역시 든든함의 대가라 하겠다.

"아직도 떡을 직접 만들어 먹는 절이 있을지 모르겠지만, 이젠 그런 떡을 쉽게 맛볼 수 없으니 아쉽네요. 사람의 손으로 찧은 떡은 아무리 잘 찧어도 고루 찧어지질 않아 쌀알이 완전히 으깨어지질 않죠. 그래서 쌀알이 간간이 씹히는 맛이 여간 차지고 구수하지가 않아요. 기계로 만든 떡은 감히 흉내 낼 수도 없는 맛이죠."

찰떡은 따끈해야 제맛. 팬에 기름을 살짝 둘러 한두 번 뒤집어주면서 녹녹하게 익혀 먹으면 든든하기가 그만한 것이 없다. 기름의 고소한 향이 배어들어 겉은 노릇노릇하고 속은 말랑한 찰떡 한 점은 때로 밥보다 힘이 된다.

제아무리 맛난 것도 흔해지면 찬밥 신세가 되게 마련이지만 절에서 풍족한 떡은 결코 찬밥 신세가 되는 법이 없었다. 출출할 때는 야참이요 입이 궁금할 때는 주전부리요 아침 대용으로도 그만이었다. 어디 그뿐이랴. 새벽부터 깨어나 이른 아침 공양을 준비해야 하는 고된 행자들에겐 허기를 달래주는 일용한 양식이었다.

"아침에 아궁이에 불을 때면서 밑불 하나를 슬쩍 꺼내 구워 먹곤 했죠. 전날 남은 찰떡을 석쇠에 올려놓고 말랑하게 구워 김가루에 찍어 먹으면 그 맛을 뭐라 할까. '자연의 맛'이라고밖에는 달리 할 말이 없네요."

아궁이의 군불과 석쇠의 냄새와 듬성듬성 씹히는 투박한 쌀알의 맛, 그리고 그에 어우러진 김가루의 조화로움을 어찌 말로 담아낼 수 있을까. 구

小

"불가의 음식이란 육신을 유지하기 위한 하나의 수단이에요. 적게 먹으면 속도 가볍고 정신도 맑아지죠. 병은 과하게 먹어서 생기는 것이지, 적게 먹어서 생기는 경우는 없으니까요."

수한 입담과 흥겨운 떡메질 속에서 여러 생명들의 '기氣'가 어우러진 그 맛은 이제 아련한 그리움으로 남았다.

적게 먹고 자유로워지기

이른 새벽, 산등성이로 안개가 자욱이 피어오르면 공양간 굴뚝에서도 산안개와 같은 연기가 모락모락 피어올랐다. 아침 식사는 어김없이 죽 공양이라 흰죽과 잣죽, 깨죽, 땅콩죽 등을 번갈아 쑤어야 했던 행자들의 아침은 분주하기만 했다. 죽 전문점이 흔한 요즘에야 죽이 식사 대용이 아닌 버젓한 한 끼 식사로 여겨지게 되었지만, 절에서는 이미 오래전부터 아침식단으로 '깍듯한' 대접을 받아왔다.

"부처님 당시에는 원래 일종식一終食을 원칙으로 했어요. 그런데 부처님의 아들인 라훌라가 출가를 했는데, 너무 어린 나이에 출가하다보니 아침에 배가 고파 울곤 했대요. 어린 나이에 감당하기 힘든 계율이었던 거죠. 그때부터 아침에 죽을 먹는 풍습이 생긴 거예요. 요즘도 아침에 죽을 먹는 절이 많은데, 그건 부처님의 부정父情을 엿볼 수 있는 불교의 전통이기도 하죠."

죽 한 사발과 김가루와 단무지 한두 쪽이 전부였던 태안사의 소박한 아침. 이른 아침에 허한 속을 달래주던 죽공양은 먹기에도 부드럽고 영양가가 높아 불평을 늘어놓는 사람은 거의 없었다.

여러 가지 죽 가운데서도 호박죽은 '별식' 대접을 톡톡히 받았다. 호박죽은 다른 죽에 비해 만드는 방법이 까다로워 그 경력이 어느 정도 되지 않고서야 제대로 맛을 내기가 쉽지 않다. 그래서 솜씨 좋은 공양주 보살님이 맘먹고 늙은 호박이라도 다듬는 날에는 잔칫날이 되곤 했다. 달콤한 호박죽 한 그릇이면 절집 식구들의 마음까지도 달달하니 따뜻해졌다.

죽이라 하면 일명 '누룽지 치즈죽' 또한 말하지 않을 수 없다. 성전 스님이 해인사에서 발행하는 월간 《해인》의 편집장을 맡고 있을 때, 송광사의 한 스님을 취재하러 간 적이 있었단다.

"그곳에서 하룻밤 머물렀는데, 아침에 스님께서 별식이라며 손수 끓여주신 죽이 있어요. 누룽지죽에 치즈를 넣고 끓여, 이름 하여 '누룽지 치즈죽'이라고 하셨죠. 그 죽이 어찌나 특별하고 맛있던지, 그 후로 편집실에서 종종 끓여 먹곤 했어요. 지금도 누룽지와 치즈만 있으면 끓여 먹곤 해요."

누룽지의 구수함과 치즈의 고소함이 어우러진 누룽지 치즈죽은 누룽지에 물을 붓고 끓이다가 치즈 두어 장을 넣고 저어주기만 하면 되니, 일 바쁘고 출출할 때 간편하고도 든든한 참으로 딱이다.

"불가의 음식이란 육신을 유지하여 성불하기 위한 하나의 수단이에요. 은사 스님은 늘 '소식'을 강조하셨는데, 공부하는 자는 포만으로 정신을 침해받지 않고, 늘 청정하게 깨어 있을 정도의 음식만 먹으면 된다고 하셨어요. 비단 수행자뿐만 아니라 모든 이들에게 해당되는 말이죠. 적게 먹으면 속도 가볍고 정신도 맑아져요. 병은 과하게 먹어서 생기는 것이지, 적게 먹어서 생기는 경우는 없으니까요."

욕심은 식탐에서 출발한다. 따라서 식탐을 줄이면 많은 것들이 달리 보인다. 우선 마음이 단출해지고, 머리가 맑아지고, 인간이 추구하는 많은 욕망에서 조금은 자유로워지게 된다. 그 실천의 하나가 바로 소식이다. 소식으로 식탐에서 벗어나면 돈이나 명예, 성에 대한 욕망 등 욕심의 상당 부분이 줄어들게 된다.

은사 스님이 소식과 더불어 강조한 것은 육식을 하지 말라는 것이었다. 육식은 사람의 심성까지 흉포하게 할뿐더러 동물의 시체를 취하는 것은 그 원한과 업이 몸에 배기 때문에 좋을 게 하나도 없다는 것이다. 은사 스님은 자신이 먹는 음식에는 철저하고 엄격했지만, 제자들에게는 부처님이 라훌라를 생각한 마음처럼 너그럽고 자비로웠다.

"미국에서 은사 스님을 시봉하고 있을 때, 다른 스님 한 분과 캐나다에 모시고 간 적이 있어요. 긴 여정이라 중간에 레스토랑에 들러 음식을 주문했는데, 세트메뉴이다 보니 계란프라이가 섞여 나왔죠. 먹고 싶은 마음이 있어도 먹지 못해 주저하고 있는데, 당신은 손도 대지 않으면서 우리에겐 '그 계란은 무정란이니 먹어도 된다'고 하셨죠."

그때의 계란프라이 맛을 두고두고 잊을 수 없는 것은 부성父性의 자비가 담긴 맛이기 때문일 것이다. 늙은호박 덩이로 만든 죽 한 그릇만으로도, 노긋노긋한 찰떡 한두 점만으로도 절에서는 마음까지 든든한 식사가 되는 까닭을 조금은 이해할 수 있을 것 같다.

아홉 번째 밥 이야기 | **일수 스님**

제멋대로 하는
재미있는 요리 수행

토굴살이 십여 년 동안 갈고닦은 찌개 솜씨만큼은 요리사 부럽지 않다. 요리란 정해진 법이 없다. 이것도 넣고 저것도 넣고 복닥거리다보면 내 맛과 네 맛의 경계가 허물어진 맛을 개발하기도 한다. '즐거운 마음' 만한 솜씨는 없으니, 그러한 솜씨면 요리는 '재미있는 수행' 이 된다.

"공양은 하셨소? 며칠 전 지방에서 아주 맛있는 김장김치가 올라왔는데 밥에 싸먹어 볼라요?"
　서울 성북동에 자리한 법천사 앞마당에서 마침 저녁 공양을 마치고 나온 일수 스님과 마주쳤다. 삼복더위에 김장김치라니 선뜻 이해를 못하고 있자 스님은 '어찌 그 맛있는 걸 모르냐' 는 표정이다.
　"내가 아는 절에서는 김장을 할 때 한두 독 정도를 따로 산에 묻어뒀다가 여름이 되면 개봉을 하죠. 얼마 전에 그 김치를 보내왔는데, '고놈'을 물에 빨아 밥에 싸먹으면 별미요 별미. 여름에 한창 입맛 없을 때 싸먹으면 바로 입맛이 돌아요."

한여름 더위에 식욕을 잃어 때가 됐어도 밥 생각이 나지 않던 차였는데, 스님의 '고놈' 자랑에 금세 입 안 가득 침이 고인다. 뱃속에서도 순간 변덕이 일어 출출한 기운을 보내오니, 스님의 말대로 입맛 구제하는 데는 여간 신통한 놈이 아닌 모양이다.

"고놈으로는 뭘 해도 맛있다오. 김치찌개를 끓여도 맛있고, 송송 썰어 적을 부쳐 먹어도 맛있고. 김치적은 토굴에 살 때 입맛 없거나 손님이 찾아오면 한번씩 부쳐 먹곤 했지요. 특히 비 오는 날 부쳐 먹으면 맛도 맛이지만 그만한 운치가 없어요."

일수 스님은 법천사에 오기 전, 전라도 백양사의 금강대와 공주 근처의 청림사라는 토굴에서 수행을 했다. 홀로 살림을 꾸려가며 수행정진하는 토굴 생활이 10년이었으니 부엌 살림은 주부 이상으로 친숙한 일상이었다. 토굴 수행자들에게 음식이란 몸을 유지하는 수단 이상도 이하도 아닌지라 사실 '요리'라 말할 것이 없다. 하지만 수행에 지치지 않도록 김치 하나를 복닥거려 뱃속을 든든히 하는 것도 요리라 할 것이니, 그것이 굳이 복잡하거나 거창할 필요는 없다 하겠다.

"행자 생활 전에는 해주는 밥을 얻어먹기만 했지, 직접 해 먹어본 적이 없었지요. 백양사 금강대에 들어가 토굴 생활을 하면서부터 음식을 직접 만들어 먹었죠. 다행히 어릴 때 어깨 너머로 본 것도 있고, 손맛이 있는 건지 어쩐 건지 나름대로 맛이 괜찮았어요. 아마도 즐거운 마음으로 만들어서 맛이 좋았을 거예요. 요리하는 게 신나고 재미있었으니까요."

아래 큰절에서 얻어온 찬 한두 가지와 '신나고 재밌게' 끓인 찌개 하나면 성찬이 부럽지 않았다. 당시 가장 재미있고 자신 있던 주종목은 김치찌개였다. 스님의 설명에 따르면 "토굴에 찾아온 손님들마다 비법을 전수받고자 할 만큼 소문이 자자했다"하니, 그 비법이 궁금하지 않을 수 없다.

"김치찌개엔 잘 익은 묵은 김치가 필수죠. 또 김치를 자잘하게 썰면 제맛이 안 나요. 머리 부분을 자르고 한두 토막 정도로만 큼직하게 썰어야 해요. 바로 끓이면 텁텁하니까 물을 붓고 한두 번 따라낸 다음, 된장과 고추장을 살짝 풀고, 국간장과 참기름, 버섯을 넣어 양념하죠. 그런 다음 물을 붓고 푹 끓이면 돼요. 다시마 물이나 쌀뜨물로 끓이면 금상첨화겠지요."

김치찌개를 먹어본 사람들이 비법을 물을 때면, 스님은 일단 "요것이 하루 이틀을 갈고닦아서 나온 솜씨가 아니다"라며 일장연설을 늘어놓는단다. 말하는 사람도 듣는 사람도 살짝 지겨워질 때쯤에서야 비법들이 슬금슬금 나온다니, 하기야 그 짓궂음에는 나름의 이유가 있다. 하루 이틀 갈고닦아 터득한 것이 아닌 것을, '날로 거저먹듯' 얻어가는 것은 법도가 아니지 않은가. 장을 풀어 끓인 김치찌개의 맛이 자못 궁금해 물으니, 스님 왈 "장맛도 안 나면서 김치 맛도 안 나면서, 경계가 허물어진 맛"이란다.

"고춧가루가 많이 들어간 음식을 그다지 좋아하지 않아요. 그래서 김치찌개를 끓일 때도 김치 양념을 물에 적당히 씻어내고 끓이는데, 그러면 보충할 양념이 필요하잖아요. 그래서 이것저것 넣다보니 자연스레 개발된 거예요. 된장과 고추장을 같은 양으로 풀어 묵은지를 넣고 푹 끓여주면 장맛과 김치맛이 묘하게 어우러져 독특하면서도 참 시원한 맛이 나지요."

요리란 하라는 대로 할 필요도 없다

스님이 출가할 당시는 참으로 어려웠던 시절이었다. 절 밖이 그러니 절 안의 살림은 더욱 어려울 수밖에 없었다. 그래도 만만한 것이 있었으니 김치와 깍두기라, 속가에서나 승단에서나 빠지지 않는 단골 찬이었다. 하지만 고춧가루도 귀하다보니 김치를 담글 때는 소금간만 해서 백김치처럼 담가 먹곤 했다. 그것도 오래 저장해두고 조금씩 아껴 먹기 위해 소금을 듬뿍 쳐서 장아찌처럼 담가 먹었단다.

"행자 때, 김치를 담그는데 소금을 무턱대고 많이 넣은 거예요. 얼마나 넣었던지 대중이 하나같이 이게 김치냐 소금이냐 하면서 말들이 많았죠. 깍두기도 도저히 먹을 수 없을 정도로 짜서 버리지도 못하고, 다시 물에 헹궈 공양간 식구들끼리 먹어치우느라 한동안 고생을 했어요."

워낙 곤궁한 시절이다보니 김치와 된장이 절집 식단의 전부나 다름없었다. 국이라야 된장에 시래기 말린 것 하나 들어갔을 뿐인데, 그놈의 시래기 된장국은 아무리 먹어도 질리는 법이 없이 구수하기만 했다. 된장찌개로 말하자면, 김치찌개 다음으로 스님의 주종목이라는데.

"된장찌개는 쌀뜨물로 끓여야 제격이에요. 된장찌개는 종류에 따라 끓이는 방법이 조금씩 달라요. 빡빡이 된장강된장은 물을 조금만 넣고 된장을 많이 풀어 졸여주면 돼요. 이때는 고추만 썰어 넣는 것이 좋아요. 일반적인 된장찌개를 끓일 때는 물을 좀더 많이 붓고 여러 야채를 넣는데, 여기에 김치나 가지를 넣어도 맛있어요. 된장국은 물을 넉넉히 붓고 된장을 약하게 풀어 끓이면 되니, 사실 된장만큼 만만하고 맛난 재료가 어디 있겠어요."

"요리란 하라는 대로 할 필요도 없다"는 것이 스님의 지론이다. 이런저런 재료를 활용해서 이것도 넣어보고 저것도 넣어보면서 '제멋대로' 만들어가는 즐거움. 그 속에서 독창적인 비법들이 나오는 게 아닐런가. 그럴 때 요리는 '재미있는 수행'이 되기도 한다.

"요리란 하라는 대로 할 필요도 없다"는 것이 스님의 지론이다. 이런저런 재료를 활용해서 이것도 넣어보고 저것도 넣어보면서 '제멋대로' 만들어가는 즐거움. 그 속에서 독창적인 비법들이 나오는 게 아닐런가. 그럴 때 요리는 '재미있는 수행' 이 되기도 한다.

가을의 문턱에 들어서면 어김없이 생각나는 것이 무다. 절간 여기저기로 달착지근한 무 냄새가 진동하면, 때 이른 '꼬르륵' 소리가 연발하니 밥 때를 채 기다리기도 힘겨워진다.

"절에선 예나 지금이나 무 음식을 잘 해먹어요. 무 익는 냄새가 어찌나 구수한지 그 냄새만 맡아도 입맛이 돌지요. 특히 무찜은 냄비에 무를 넓적하게 썰어 넣고 양념장을 얹어 푹 찌기만 하면 되니 요리법도 쉽고 간단하죠. 무만 넣기 서운하다 싶을 땐 버섯이나 두부를 넣어도 맛있어요."

뭇국은 물을 끓이다가 무를 나박나박 썰어 넣고, 간장으로 간한 후 참기름 한두 방울 떨어뜨리면 그만인지라 간단하기가 무찜보다 한 수 위다. 한 가지 유의할 점이라면 뭇국은 시원함이 진국이라 그 맛을 살리기 위해서는 다른 재료나 양념을 첨가하는 것은 금물이다. 방법이 너무 간단하다 하여 서운함이 일더라도 꾹 참는 것이 비법이라면 비법이다.

무나물도 마찬가지다. 무를 채 썰어 물을 자작하게 넣고 푹 익힌 뒤 소금 간만 해주면 되니 딱히 조리법이랄 것도 없다.

"옛날에는 무로 떡을 만들어 먹곤 했는데 무떡이라고 어려울 게 있나요. 시루에 쌀가루와 채 썬 무를 켜켜이 넣고 찌면 바로 무떡이 되는 거죠. 소화도 잘되고 얼마나 구수한지 그 또한 별미였어요."

사실 없어서 못 먹던 시절에야 무엇인들 맛있지 않고 무엇인들 귀하지 않을까. 고춧가루나 기름도 제사를 지낼 때나 찾아볼 수 있었고, 큰 불공이라도 있어야 사과나 배를 구경할 수 있었다. 밥도 보리 반 쌀 반을 섞어 지어 먹었고, 그마저도 눈치껏 적당히 먹어야 했다. 1970년대 후반 무렵 해인사에 살 때는 그나마 형편이 좋은 시절이었다.

"일주일에 한 번씩 행자들이 직접 두부를 만들었어요. 한번은 저녁에 허기질 때 그 두부를 조금씩 가져다 먹었는데, 대중 공양에 쓰려고 만들어놓은 두부를 가져다 먹어 절에서 쫓겨날 뻔한 적도 있었죠. 그렇게 먹을거리가 귀했으니, 요즘은 그때와는 비교도 할 수 없을 만큼 음식이 화려하고 풍성해졌죠. 그래도 옛날 그 맛을 따라가지는 못하는 것 같아요."

맛도 맛이거니와 기름과 화학 조미료로 탁해진 음식들이 넘쳐나 음식은 '몸을 지탱하는 약'이 아니라 '몸을 위협하는 독약'이 되어가고 있다. 어찌 보면 끼니마다 독약을 섭취하는 것과 같으니, 온갖 성인병이나 신종 병들이 속속들이 생겨나는 것은 지극히 당연한 일일 테다.

"식생활을 바꾸는 것이 무엇보다 급선무예요. 부엌 살림의 주인인 주부들이 가장 먼저 자각해야 식생활이 개선되겠죠. 인스턴트나 패스트푸드를 삼가고, 요리할 때 화학 조미료만 자제해도 가족의 건강을 지킬 수 있어요."

어스름한 저녁, 밥때를 지나 찾아온 객을 위해 소박한 밥상이 차려졌다. 묵은지와 김치찌개만으로도 모자람이 없는 상차림에 드디어 식욕에 발동이 걸렸다. 염치불구하고 절집 밥통을 탈탈 비우니, 장과 김치의 경계가 허물어진 맛이 가히 일품이었다.

열 번째 밥 이야기 | **금강 스님**

오감의 기쁨을 일깨우는
땅끝 절의 별미

땅끝마을의 아름다운 절, 미황사의 지대방에서는 하루에도 수차례씩 찻물이 끓는다. 절집만큼 밥 인심, 차 인심이 후한 곳도 드무니, 주객이 따로 없는 절집 사랑방이 오늘은 서울 손님들의 차지다. 11월의 끝자락, 절집 김치와 별미 이야기로 이어지는 담소가 가을밤만큼이나 깊었다.

"요즘 철엔 뭐니 뭐니 해도 묵은지가 제격이에요. 묵은지는 땅속에 묻어뒀다 3년째 되는 가을에 꺼내 먹으면 가장 맛있죠."

"스님, 땅속에 오래 묻어둔 김치를 꺼내면 금세 물러지던데 왜 그런지 모르겠어요."

주지 스님의 말문에, 서울에서 내려온 보살님 한 분이 궁금증을 풀어놓는다.

"온도 변화에 민감해져서 그래요. 그래서 묵은지는 땅속과 바깥 기온의

"오감은 끊임없이 욕심을 부리죠. 몸 전체가 사실 욕심덩어리니까요. 그러나 그 욕망들 하나하나 다 채울 수는 없어요. 음식을 대할 때도 맛을 탐닉하고자 하는 욕망보단 그 음식에 담긴 수많은 정성들을 생각하며 먹는 것이 중요해요."

차이가 덜한 가을에 꺼내 먹는 게 좋아요. 묵은지를 담글 때는 일반 김치와 방법이 약간 다른데, 배추를 절일 때 소금을 좀더 많이 넣어야 해요. 요즘 바닷가 마을에서는 배추를 포기째 바닷물에 담갔다가 김장김치를 담그기도 하죠. 소금을 잘 써야 김치가 무르지 않고 맛있으니까, 천혜의 자연을 이용한 자연법이라고 할 수 있죠."

해남의 미황사에는 행사가 많다. 어린이 한문 학당이며, 템플스테이와 괘불제, 산사 음악회 등 주지인 금강 스님의 부지런한 성품만큼이나 다양한 행사가 펼쳐진다. 사정이 그럴지니, 미황사는 일 년 내내 동네 주민들은 물론 각양각색의 손님들이 고향집처럼 찾아든다. 손님을 많이 치르는 집안의 밥상은 뭐가 달라도 다르게 마련. 아니나 다를까. 음식에도 조예가 깊은 금강 스님은 찾아온 손님들을 위해 밥상에도 남달리 신경을 쓴단다. 특히 삼시 세 끼 밥상에 오르내리는 김치는 말할 것도 없다.

"절에서는 김치 양념을 할 때 대개 찹쌀죽을 쑤어 넣는데, 저희 절에선 늙은호박을 함께 넣어요. 껍질을 벗겨 찹쌀죽을 쑬 때 같이 넣는데, 노란빛이 돌 정도로 넣어주면 돼요. 거기에 고춧가루랑 청각, 표고버섯, 생강 등을 믹서로 갈아 넣고 양념장을 만들죠. 이렇게 늙은호박을 넣고 담근 김치는 맛이 달면서도 아주 시원해요. 그걸 독에 넣고 땅속에 묻어뒀다가 3년째 되는 가을에 꺼내 먹는 거죠."

"그건 김치가 아니라 완전 보양식이네요. 수원 쪽에선 홍시를 넣고 김치를 담근다는데, 늙은호박을 넣는 건 처음 들어봐요."

멀리 서울에서 내려온 주부들이다보니 남도의 절집 김치에 관심이 쏟아지는 건 당연할 터. 더군다나 김장철이 멀지 않았으니, 저마다 할 말도 물어볼 말도 많다. 김치라면 할 말이 많기는 스님도 매한가지. 한때 화두가 '김치를 좀더 맛있게 담그는 방법'이었다고 하니, 이름 하여 '호박김치'는 그러한 화두 정진 끝에 얻어낸 결실이라 하겠다. 그러니 대화의 주제상 주와 객의 파장이 딱 들어맞았다.

별미 얘기가 나왔으니 말인데, 미황사를 대표하는 음식이라면 '이개장' 또한 빼놓을 수 없다. 이개장은 한문 학당이나 수련회 등의 행사가 끝나는 날에만 맛볼 수 있는 특별식이란다. 나물과 버섯을 넣고 얼큰하게 끓인 이개장은 육개장에 고기 대신 나물을 넣은 것이다. 이개장은 가마솥에 끓여야 제격이다. 큼지막한 무쇠솥에 무와 다시마를 넣고 국물을 우려 고춧가루를 풀고 온갖 나물과 버섯을 넣어 한 솥 끓이는 것이다. 그 맛으로 논하자면 절집 아래 '미황사표 이개장집'을 차리자는 얘기가 나왔을 정도라니, 구구한 설명 따윈 필요가 없으렷다.

바닷가에 인접한 절인 만큼 미황사의 밥상에는 비릿한 바다 음식이 자주 올라오곤 한다.

"아침에 바닷가 공판장에 나가면 싱싱한 생미역을 쉽게 구할 수 있어요. 생미역은 살짝 데쳐 초고추장에 찍어 먹기도 하고, 국을 끓여 먹어도 맛있죠. 이 지역에선 생미역국에 된장을 살짝 풀어 끓이는데, 비린내도 안 나고 구수하면서 아주 시원해요."

삭발목욕일의 만찬, 3대 영양 별식

별미 음식이라면 스님은 해인사에서 행자 생활을 하던 시절을 추억하지 않을 수 없단다. 바야흐로 20여 년 전, 해인사의 스님들은 삭발목욕일_{머리를} _{삭발하고 목욕하는} 날이면 영양 보충을 위해 챙겨 먹는 음식이 있었단다. 찰밥과 두부찜과 김이 그 대표적인 3대 음식이다. 지금이야 별날 것도 없지만 당시에는 기운 소모가 많은 날에만 먹을 수 있는 특별 영양식이었다.

"특히 두부찜은 스님들이 가장 좋아하는 특식이었죠. 가마솥에 두부와 표고버섯, 양념장을 켜켜이 넣고 푹 쪄내면 정말 맛있어요. 해인사는 밥을 짓는 공양간과 찌개를 전담하는 찌개간, 국을 끓이는 갱두간을 비롯해 방앗간과 두부간까지 따로 있었죠. 두부찜은 찌개간에서 만드는데, 찌개간은 공양간 다음으로 기강이 센 곳이었어요."

그도 그럴 것이 해인사는 두부를 직접 만들어 먹었는데 찌개간 소임자들이 두부 만드는 일까지 담당해야 했다. 평상시는 물론, 수백 명 스님들의 삭발목욕일에는 더욱 많은 양의 두부가 필요했다. 수백 명이 먹을 일주일 치 분량의 두부를 만들어야 했으니, 새벽부터 저녁까지 이른바 '콩과의 전쟁'을 치러야 했다.

"두부를 만들 때 가장 먼저 얻게 되는 것이 두유예요. 콩을 삶아 불리고 갈아서 끓여 망에 걸러내면 그 물이 바로 두유죠. 새벽부터 준비해서 점심쯤에 두유가 나오면 스님들한테 한 바퀴 돌리는 거예요. 이 두유에 간수를 조금만 넣어주면 순두부가 되는데, 저녁 무렵엔 국 대신 순두부를 한 그릇씩 돌리죠. 그리고 마지막 단계에서 간수를 많이 넣어 두부를 만들어요. 큰 판으로 열 판은 만들어야 일주일 치 분량이 됐죠."

두부를 만드는 날에는 신선하고 다양한 스타일의 두부를 코스별로 시식할 수 있었다. 두부 하나로 절집 식구들의 몸과 마음이 든든하게 채워지니,

"밥을 지을 때는 무엇보다 불 조절이 중요해서 시간을 잘 재야 해요. 가마솥 뚜껑 아래로 눈물이 두 번째 흘러내릴 때 장작을 빼내고 잔불을 흩어놓으면 뜸이 들기 시작하죠. 양이 워낙 많아 밥을 풀 땐 삽으로 푸는데, 퍼낸 다음에 잔불을 다시 한 번 고루 풀어놓으면 누룽지가 노릇노릇하게 늘어요."

誠

찌개간 사람들의 고된 노동은 그만큼 값진 보시와 다름없었다.

한편, 공양간에서는 찰밥을 짓기 위해 분주했다. 밥을 짓는 곳인 만큼 기강이 가장 센 부서라고 할 수 있다.

"밥을 잘 짓기 위해서는 나무 재놓기와 쌀의 돌 고르는 일부터 신중하게 시작해야 했어요. 밥에서 돌이 하나라도 씹히면 큰일 나는 거죠. 그러니 틈만 나면 쌀을 퍼놓고 돌 고르기를 했어요. 요즘은 석발기가 있어 돌 고를 일이 없어졌지만, 당시엔 손으로 일일이 골라야 했거든요. 뒤주에서 쌀을 풀 때 숫자 세는 것도 중요했죠. 수백 명의 밥을 해야 하니 세다가 잊어버리는 경우도 있거든요. 그래서 쌀을 푸는 사람이 '한 되' 하고 소리치면 옆 사람이 '한 되' 하고 복창하면서 여러 사람이 다 같이 셌죠."

건물을 지을 때도 기초 공사가 중요하듯, 당시에는 밥을 잘 짓기 위해 '나무 쟁여놓기' '돌 골라내기' '숫자 세기' 등의 기초 작업을 확실히 해야 했다.

"밥을 지을 때는 무엇보다 불 조절이 중요해서 시간을 잘 재야 해요. 가마솥 뚜껑 아래로 눈물이 두 번째 흘러내릴 때 장작을 빼내고 잔불을 흩어놓으면 뜸이 들기 시작하죠. 양이 워낙 많아 밥을 풀 땐 삽으로 푸는데, 퍼낸 다음에 잔불을 다시 한 번 고루 풀어놓으면 누룽지가 노릇노릇하게 눌어요. 가마솥마다 두 되씩은 나왔는데, 평상시엔 거들떠보지도 않던 누룽지가 삭발일만큼은 삽시간에 동이 났죠."

평소에는 찬밥 신세의 누룽지가 삭발일만큼은 호황을 누렸으니, 거기엔 그만한 이유가 있다. 찰밥을 짓다보니 누룽지에도 자연스레 '찹쌀'이라는 프리미엄이 붙기 때문이다. 찹쌀 누룽지는 일반 누룽지에 비해 고소함이 두

배는 더한지라 그야말로 날개 돋친 듯 팔려나갔다. 그 프리미엄의 맛을 자 못 궁금해하자 스님 왈, 일단 먹어봐야 맛을 안단다.

삭발목욕일 전날 저녁부터 분주해지는 파트도 있었다. 바로 김 굽기 담당들이다. 당시만 해도 김은 해우海牛라 하여 '바다의 소고기'로 불렸으니 아무 때나 먹을 수 없는 귀한 음식이었다.

"김은 스님들의 영양 보충을 위해 먹는 음식이었어요. 귀한 음식일수록 양이 제한되어 한 스님당 2장씩 분배됐죠. 김은 전날 미리 구워 준비해야 했는데, 양이 만만치 않아 조를 편성해서 구웠죠. 1조가 김에 기름칠을 하면, 2조는 들어서 옮겨주는 일을 하고, 3조는 그 김에 소금을 뿌리고, 다음 조는 석쇠에 굽고, 맨 마지막 조는 인원 수 대로 김을 분배해서 봉지에 넣는 거죠." 이런 '분업화' 작업은 수백 명의 대중 살림도 거뜬히 꾸려가게 하는 비결이었다.

"예전만 해도 절에 손님이 찾아오면 상을 차려 객실까지 들고 가서 들여놓곤 했죠. 먹을거리는 변변치 않았어도 손님 접대에 정성을 다했어요. 사실 음식만큼 사람들에게 직접적인 영향을 주는 건 없어요. 음식을 정성스럽게 만들어 대접하는 것은 누군가에게 좋은 말을 해주고 도움을 주는 것보다도 실질적이고 많은 공덕을 쌓는 일이죠. 그래서 저는 음식을 만드는 사람들이 가급적 절을 많이 했으면 하는 바람이에요."

'절'이란 자신의 의식과 무의식에 정성스러움이 배게 하는 것. 이마와 두 무릎, 두 팔을 땅에 대어 자신을 최대한 낮추고 세상을 받들어 올리는 오체투지五體投地는 다름 아닌 자신에게 정성을 들이는 행위이기도 하다. 따라서 절을 많이 하면 말이나 행동, 마음 씀씀이까지 정성스러워진다. 그렇게 만든 음식은 당연히 맛이 좋을 수밖에 없다. '정성'이 곧 맛인 법이다.

"오감은 끊임없이 욕심을 부리죠. 몸 전체가 사실 욕심덩어리니까요. 그러나 그 욕망들 하나하나 다 채울 수는 없어요. 음식을 대할 때도 맛을 탐닉하고자 하는 욕망보단 그 음식에 담긴 수많은 정성들을 생각하며 먹는 것이 중요해요. 몸은 삶을 살아가는 도구로서 잘 쓸 수 있도록 하는 것이 중요하죠. 그것이 불가에서 몸과 음식을 대하는 기본 자세예요."

깊어가는 가을, 해남 지역은 양회의 철이기도 하다. 생김새는 생강나무와 비슷하여 죽순처럼 고개를 내민다는 양회. 붉은색을 띠고 수줍은 듯 올라오는 양회는 그 향이 독특하여 부침개나 된장국에 조금만 넣어도 별식이 된단다. 과연 천고마비의 계절인가. 시원달달한 호박김치에, 시원함이 해장국에 버금가는 이개장에, 양회라는 놈까지. 땅끝 절의 별미들이 꾹 눌러놓았던 오감의 욕망을 일깨우니, 스님의 지당하신 말씀이 금세 무색해진다.

열한 번째 밥 이야기 | **우봉 스님**

낙엽조차 '꽃'이 되는
산사의 농사와 보약들

산사의 겨울은 일찍 찾아든다. 그 즈음이면 본능처럼 그리워지는 음식이 있으니, 그 마음을 모를쏘냐. 절집 방 뜨뜻한 아랫목에서는 볏짚과 이불을 뒤집어쓴 청국장이 본연의 냄새를 품으며 때가 오기를 기다리고 있다. 절집의 청국장은 그렇게 겨울 한철, 잊지 않고 챙겨 먹어야 할 보약이 된다.

이런저런 재료도 필요치 않다. 잘 익은 청국장 하나면 청국장찌개는 절로 된다. 절에서 국물을 우릴 때 주로 사용하는 다시마나 버섯조차도 이 때는 번거로울 뿐이다. 그저 콩 건더기가 적절히 박힌 청국장을 인심 좋게 떠서 물에 풀어주면 그만이다. 여기에 신김치와 무를 썰어 넣고 보글보글 끓여주기만 하면 되니, 이렇듯 '식은 죽 먹기'로 콩의 진맛과 진향을 즐길 수 있는 찌개도 드물 것이다.

"청국장을 만드는 방법도 어려울 게 없어요. 단 모든 음식이 그렇듯 재료의 선별이 무엇보다 중요하죠. 청국장을 만들 때는 콩이 좋아야 해요. 수입산 콩은 방부 처리를 해서 발효가 잘 되지 않기 때문에 국산 콩을 쓰는 게 좋아요. 된장보단 청국장을 띄울 때 그 차이가 극명하게 드러나죠. 그 다음으로 중요한 것이 지푸라기예요. 좋은 지푸라기는 균이 잘 배양되기 때문에 더 맛있는 청국장을 만들 수 있죠."

"청국장 하나면 겨울 한철을 족히 난다"는 우봉 스님. 주로 선방과 토굴 생활을 해온 스님은 청국장만큼 요모조모 만만하고 기특한 음식도 없단다. 같은 콩을 발효시켜 만든 장이라도 된장에 비해 제조법이 간단하니, 처음 한두 번의 서투름만 겪으면 누구나 쉽게 만들어 먹을 수 있다.

"먼저 콩을 물에 푹 불려 삶아줘야 해요. 손가락으로 눌러 으깼을 때 마치 입자 고운 파우더처럼 문드러질 정도로요. 삶을 때 물의 양이 중요한데, 너무 적게 넣어 콩이 탈 정도가 돼서도 안 되고, 또 너무 많이 넣어 콩 삶은 물에 맛과 영양소가 다 빠져나와서도 안 되죠. 콩을 삶은 뒤엔 물기를 빼서 그대로 뜨뜻한 아랫목에 볏짚을 덮고 이불을 씌워놓는 거예요."

그렇게 발효가 시작되면 보통은 2, 3일 후면 먹을 수 있다. 물론 방 안의 온도와 입맛에 따라 차이가 있기는 하다. 농익은 맛을 선호한다면 며칠을 더 발효시킬 수도 있고, 큼큼한 맛을 그다지 좋아하지 않는다면 덜 발효시킬 수도 있다.

"균이 콩 표면을 녹여 점성이 짙어지면 주걱으로 떴을 때 하얀 실타래 같은 것이 딸려 올라오면서 끈기가 생겨요. 이렇게 발효된 콩을 절구로 찧어주면 되는데, 콩 건더기가 완전히 뭉그러지지 않도록 적당히 찧어줘야 제맛이 나죠."

발효에 따라 맛과 향의 농도가 달라지는 청국장. 제조법도 간단하거니와 짙은 구수함이 마음속 냉기까지 훈훈하게 달래주니 진정 기특한 음식이 아닐 수 없다. 콩이라는 고단백 식품에 발효라는 과학적 방법까지 들이댔으니, 재료 면에서나 방법 면에서나 이만큼 완벽한 웰빙 음식이 또 있으랴.

청국장은 홀로 몸을 챙기며 수행하는 토굴 생활에서 더욱 진가를 발휘하는 음식이다. 사실 토굴 생활을 하면서 오직 한 입을 위해 많은 시간을 들여 요리한다는 것은 수행자들에게 낭비일 수 있다. 그렇다고 수행을 위한 음식을 소홀히 대할 수는 없는 일이다. 이럴 때 청국장과 김치 몇 쪽이면 쉽고 빠르고 간편하게 고단백 보양 찌개를 챙겨 먹을 수 있으니 수행자들에게 청국장은 약이자 효도 식품이다.

짧게 머무름이 못내 아쉬운 산사의 가을은 온 지천을 낙엽밭으로 일구고 떠난다. 그렇게 곳곳에 너부러져 쌓인 낙엽들은 산사의 월동 준비와 농사에 긴한 재료가 된다.

"수덕사의 선방인 정혜사에서 원주 공양간 살림의 총책임자로 살던 적이 있었어요. 정혜사는 백제 시대의 고찰인데, 창건 이래로 지금까지 '선농일치 禪農一致'의 전통이 유지되고 있죠. 예전부터 선종 계열의 절들은 산속 깊이 자리하고 있어 식재료 조달이 힘들었거든요. 탁발을 나가도 대부분 쌀이나 곡류를 얻어오니까, 찬거리를 해결하기 위해 스님들이 밭을 일구고 산의 식물들을 채집할 수밖에 없었죠. 절에서 산채 음식이 발달한 데에는 그런 이유도 있어요. 정혜사에서는 그러한 전통이 지금까지 내려와 식재료의 반 이상을 자급자족으로 해결하고 있죠."

정혜사는 무농약은 물론 유기농법으로 농사를 짓는다. 따라서 농작물의 천연 비료인 퇴비는 항시 준비돼 있어야 하는 필수품이다. 퇴비는 분뇨에 지푸라기를 섞어 발효시켜 만드는데, 문제는 산에서 지푸라기를 구하기가 쉽지 않다는 것이다. 하지만 이가 없으면 잇몸. 산속 지천에 널린 낙엽들이 지푸라기를 대신하여 유용하게 쓰인다.

"정혜사에서 처음 농사를 지을 때 유기농이 얼마나 힘든지 알게 됐어요. 우선 농약을 안 치니까 벌레 잡는 일부터 만만치 않았죠. 무엇보다 퇴비 만드는 작업이 힘들었는데, 볏짚 구하기가 어려워 낙엽을 섞어 쓰곤 했어요. 요즘은 기계로 벼를 수확하니 어디서든 볏짚 구경하기가 더 힘들어졌죠. 게다가 요즘 사람들은 화학 조미료나 방부제 섞인 음식을 많이 먹어 분뇨조차 썩지를 않아요. 그래서 일반 농가에서 유기농 농사를 한다는 건 굉장히 힘든 일이에요. 그래도 선방 스님들은 화학 조미료나 인스턴트 식품을 자제하니까 분뇨가 썩어 퇴비로 쓸 만하죠."

수백 년 동안 농사를 통해 선을 닦아온 정혜사. 그곳의 농작물은 그 자체로 약이다. 무농약과 유기농으로 지은, 오염되지 않은 신선한 기운의 채소들은 그대로가 보약인 것이다.

"그래서 정혜사는 특히 쌈이 맛있었어요. 겨울에는 채소를 재배할 수 없으니 밖에서 공급받을 수밖에 없었죠. 하지만 낙엽을 활용하면 시금치나 고수 정도는 겨우내 먹을 수 있었어요. 가을에 씨를 뿌려 싹이 올라오면 겨울녘에 낙엽을 덮어두는 거예요. 낙엽들이 비닐하우스 역할을 해서 겨우내 생명을 지켜주죠. 한겨울에 낙엽을 걷어내고 시금치나 고수를 똑똑 따먹는 맛은 경험해보지 못한 사람들은 모를 거예요. 배추도 김장김치 할 때 일부는

庸

불가의 밥상에는 '과하지 않은' 중용의 지혜가 담겨 있다. 속가라고 다를 게 있으랴. 일상에서 삼시세끼 끼니마다 실천할 수 있는 도道가 중용이 아닐런가. 몸과 마음의 건강을 위해, 오늘부터라도 '밥상 위의 도'를 닦아봄이 어떨까.

뽑지 않고 남겨두었다가 볏짚단이나 낙엽을 두툼하게 덮어두면 한겨울 전까진 싱싱하게 먹을 수 있죠. 고놈을 캐다 된장에 찍어 먹기만 해도 얼마나 고소하고 맛있는지……"

철 지나 덤으로 얻은 겨울 밭의 수확물들은 산사 식구들의 요긴한 식량이 되어주었다. 도심에선 성가신 낙엽들이 산사에선 이토록 귀중한 쓰임이 되니. 존재들의 부름에 낙엽들조차 기꺼이 '꽃'이 됨을, 시인 김춘수라고 알았을까.

밥상 위의 중용

겨울철, 정혜사의 단골 메뉴 중 하나는 시금치였다. 스님들의 칼슘 보충제인 시금치는 끓는 물에 데쳐 소금으로 간하면 이른바 '칼슘 나물'이요 때때로 된장을 푼 국에 넣으면 '칼슘 국'이 된다.

"다만 시금치는 고사리처럼 독성이 많아요. 몸에 이로운 고급 나물이지만, 맹독성이라 날로 먹을 수가 없죠. 그런 나물들은 삶거나 말려 독을 빼낸 후에 먹어야 해요. 야채를 생식하는 것은 자연의 기운을 그대로 섭취하는 거라, 몸이 약해졌을 때 갓 따온 야채를 먹으면 몸에 바로 생기가 돌죠. 그래서 토굴 생활을 하다가 몸이 처진다 싶을 때면 신선한 야채를 먹곤 했어요. 하지만 모든 생명엔 독이 있게 마련이라 음식들은 가급적 익혀 먹는 것이 좋아요. 화식을 하면서 인간들의 수명이 늘어난 것은 조리를 통해 음식의 독소를 빼내고 섭취했기 때문이에요. 몸이 원할 때 생식을 하는 것은 좋지만, 자주 하는 것은 오히려 몸을 상하게 할 수 있으니 주의해야 해요."

수행자들은 가벼운 몸과 정신을 유지할 수 있도록 가급적 위에 부담을 주지 않는 음식을 섭취해야 한다. 위는 하루하루의 건강을 좌우할 만큼 중요한 기관이라는 것이 스님의 지론이다.

"위는 제7의 감각 기관이라고 할 수 있어요. 선방 스님들은 주로 좌선을 하니까 일반인처럼 움직이는 근육의 도움을 받지 못하고, 오로지 위와 장의 힘으로 소화를 시키죠. 그래서 위의 중요성을 더욱 실감하게 돼요. 몸이 민감해지면 위에서도 맛을 느낀다는 것을 알 수 있어요. 또 실제로 위에 문제가 생기면 점차 모든 기관에 영향을 주죠. 그만큼 위는 몸과 마음의 건강에 중요한 역할을 해요. 그래서 전 안이비설신의眼耳鼻舌身意라는 인간의 6식에 하나를 더 보태라면 '위'를 꼽겠어요."

위를 가볍게 하는 것은 수행을 위해서도 중요하다. 따라서 이로운 음식을 선택해서 '잘 먹는' 것은 무척이나 중요한 일이다. 깨끗하지 않고 정갈하지 못한 음식을 먹으면 몸이 무겁고 쉽게 지치게 된다. 정신에도 영향을 미쳐 집중이 안 되고 잡념이 많이 생긴다. 결국 음식은 신체와 정신 모두에 직접적인 영향을 주는 것이다.

"음식을 과하지 않게 먹는 것도 참으로 중요하죠. 참선을 하다보면 몸이 알아서 음식의 양도 조절하게 돼요. 소식을 하면 몸과 마음이 가벼워진다는 것을 알게 되니까요."

불가의 밥상에는 '과하지 않은' 중용의 지혜가 담겨 있다. 속가라고 다를 게 있으랴. 일상에서 삼시세끼 끼니마다 실천할 수 있는 도道가 중용이 아닐런가. 몸과 마음의 건강을 위해, 오늘부터라도 '밥상 위의 도'를 닦아봄이 어떨까.

열두 번째 밥 이야기 | **현경 스님**

약이 되는 음식,
독이 되는 음식

음식은 약이다. 또한 독이다. 입에는 쓰되 건강에는 이로운 약처럼, 입에는 달되 건강엔 해로운 독처럼, 음식도 마찬가지다. 그러한 이치를 엄연히 알면서도 앎과 실행은 늘 따로국밥이다. 한땐 오감의 욕구대로 음식을 취한 적이 있었으니, 그제야 알았다. 입에 단 음식은 결국 치명적인 독이 됨을. 건강 돌보기가 곧 마음 돌보기임을.

"좋아하는 음식이요?"
한참을 생각한 현경 스님은 그저 '밥'이란다. 실은 마땅히 좋아하는 음식이 없단다. 배가 고파서 혹은 입에 당겨서 음식을 찾아본 일이 거의 없다. 허약한 체질을 타고난 스님은 특히 위장 기관이 부실해 '먹는' 행위를 즐겨 본 기억이 까마득하단다. 사정이 그럴지니 남들에 비해 유독 민감한 몸을 지니게 되었다. 그것이 죄인지, 덕인지 체질에 조금이라도 맞지 않는 음식을 먹으면 금세 몸이 식별해낸다. 육류나 인스턴트 음식은 말할 것도 없다.

"음식이 소화될 즈음부터 서서히 반응이 일어나요. 알레르기나 아토피 증상이 생기고, 몸이 축 처지면서 무거워지고, 며칠 동안 변비로 고생을 하죠. 평소 축농증 증세가 있는데, 음식을 가려 먹지 않으면 증세가 더욱 악화돼 비염으로 발전하기도 해요."

몇 년 전 토굴에 살 때는 신도들이 찾아와 한번씩 공양을 대접하곤 했다. 메뉴는 으레 고기였다. 그 지역에선 출가자가 고기를 먹는 것에 아무런 편견이 없었다. 오히려 스님들의 영양 상태를 걱정하여 고기를 대접하곤 했다. 그러한 배려를 알면서도 체질 운운하며 공양을 거절하기가 쉽지 않았다. 독이 되는 음식일지라도 그런 경우엔 그저 약이려니 생각하고 먹는 것이 마음 편했다. 하지만 수행이 미진한 탓인지 마음이 몸을 능가하진 못했다. 웬만하면 눈 한번 감아줘도 좋으련만 몸은 거짓말탐지기마냥 즉각 반응을 보였다. 눈이 시큰거리면서 신호가 오기 시작하면, 곧이어 위장 기능이 둔해지고 마음까지 가라앉는 것이다.

심한 경우 쓰러진 적도 있다. 도반 스님들과 서해안 도로를 달리다가 번데기 파는 곳을 발견하게 되었다. 절 사람들에게 번데기는 여간 특별한 간식이 아닌지라 대번에 눈에 띄었다. 잠시 쉴 겸 그곳에 주차했는데, 어느새 무언의 만장일치로 번데기 한 봉지씩을 들고 있었다. 그렇게 아주 특별한 간식을 즐긴 다음 날, 스님은 목욕중에 정신을 잃고 말았단다. 몸 전체에 열꽃이 번지면서 어지럼증이 일더니 의식마저 잃은 것이다.

음식은 잘 먹으면 약이요, 잘못 먹으면 독이다. 이러한 자명한 이치를 알면서도 오감의 욕구란 얼마나 강한 것인지. 이놈의 욕망덩어리는 틈만 나면 몸의 저항을 무시하려 든다. 스님은 허약한 체질 덕에 식탐 또한 적게 타고 났다. 끼니 때 고작해야 밥 반 공기면 족하니 소식은 일상적인 습관이 되었다. 먹는 즐거움을 잊은 지 오래지만, 한때는 입에서 당기는 대로 음식을 즐기던 적도 있었다. 승가대학 시절이었는데, 당시 학교는 서울 도심지 한가운데에 있었다. 스님들 대부분은 기숙사 생활을 했고, 학교의 분위기는 산사의 승가대학보다 개방적이라 생활이 자유로운 편이었다. 저마다 개성이 다른 각 지역의 젊은 스님들이 모여 살다보니 웃지 못할 일도 많았다.

"당시 기숙사 밥이 좀 형편없었어요. 4학년이 되면 법랍 순서대로 기숙사를 선택해서 쓸 수 있는데, 기숙사가 본관과 별관으로 나눠져 있었죠. 4학년 스님들은 대부분 일반 가정집처럼 지어진 별관을 선호했어요. 거기엔 자유롭게 음식을 해먹을 공간이 있었거든요. 코펠과 버너를 공수해서 야참으로 라면도 끓여 먹고, 비 오는 날은 빈대떡도 부쳐 먹곤 했죠."

3층으로 된 별관 기숙사에는 층마다 네다섯 명의 스님들이 살고 있었다. 여럿이 모여 먹으면 없던 밥맛도 좋아지는 건지, 그곳에선 무얼 해먹어도 맛있었다. 공양간에서 쌀과 찬을 얻어와 밥만 직접 해먹어도 고슬고슬한 밥맛이 그렇게 좋을 수가 없었다.

'불량' 식품과 '선량' 식품

도반들과 어우렁더우렁 군것질을 하러 다니던 기억들도 새록새록하다. 학교 주변으로 온갖 종류의 식당과 가게가 즐비했던 만큼 군것질거리도 다양했다. 당시 군것질의 주 메뉴는 과자 내지는 오뎅, 떡볶이, 부대찌개 등 '불량 식품'이 대부분이었다.

"특히 과자를 좋아했는데, 새우깡, 썬칩, 치토스, 감자칩…… 아직도 그때 즐겨 먹던 과자 이름이 잊히지 않아요. 과자 한 봉지를 사면 앉은 자리에서 다 먹어치우곤 했죠. 저보다 과자를 더 좋아하던 도반 스님이 있었는데, 그 스님은 지금도 책장에 책 대신 과자를 진열해놓을 정도죠. 그땐 떡볶이나 오뎅 같은 군것질거리도 많이 먹었어요. 군것질을 워낙 좋아하는 도반을 따라다니다보니 소문난 단골집도 알게 되더군요. 특히 대학로 근처에 유명한 오뎅집이 있었는데, 단골이 되니까 덤도 팍팍 주면서 갈 때마다 주인이 반겨했죠."

구수하고 시원한 국물 맛에 적당히 퍼진 쫄깃한 오뎅의 맛은 승속을 불문하고 거부하기 힘든 맛이다. 절집에선 맛볼 수 없는 맛이라, 인기도로 따지자면 '속'보단 되레 '승'쪽이 우세할 터. 오뎅은 맛도 맛이지만 한두 개만 먹어도 허한 속을 잘 달래주니, 무엇보다 간편하고 든든해서 좋다. 바깥일을 보러 다니다 출출하니 시장기는 도는데 딱히 밥 생각이 나지 않을 때는 특히 오뎅만한 요깃거리가 없다.

"절의 주지 스님과 산행을 가는데, 점심도시락을 준비하지 못할 때는 어김없이 포장마차에 들러요. 오뎅 몇 꼬치를 포장해서 산 밑에 앉아 식사 대용으로 먹고 출발하는 거예요. 산에서 내려오는 길에도 출출하다 싶으면 포장마차에 다시 들러 먹곤 하죠."

오뎅은 승가대학 시절 이래 지금까지도 즐겨 먹는 변함없는 군것질거리다. 몸에서도 큰 거부감 없이 받아들이니, 육식을 못하는 스님에겐 꽤 쓸 만한 불량 식품인 셈이다.

오뎅이 절 밖의 대표 군것질거리라면, 떡볶이는 절 안팎을 모두 대표하는 메뉴다. 주야로 가래떡이 넘치는 절에서 떡볶이는 그야말로 손쉽게 만들어 먹을 수 있는 간식거리인 셈이다. 요리에 소질이 없다는 현경 스님도 자신 있게 할 수 있는 몇 안 되는 음식 중 하나가 바로 떡볶이란다.

"절에서는 떡볶이도 훌륭한 야식거리죠. 절에 떡국용 떡은 늘 준비되어 있으니까 언제든 쉽게 만들어 먹을 수 있거든요. 이것저것 양념할 필요도 없고 다시마나 버섯, 무 등을 넣고 우린 물에 고추장 풀고, 설탕이나 물엿을 약간만 넣어주면 돼요. 고추장 대신 된장을 풀어도 별미예요. 여기에 야채 좀 썰어 넣으면 되죠."

떡볶이 외에 절 안팎을 대표하는 야식이 또 하나 있으니, 바로 라면이다. 인스턴트 식품의 대표주자인 만큼 라면이 몸에 이롭지 않은 것은 분명하다. 하지만 불량 식품도 조리법에 따라서는 그 '불량기'를 조금은 덜어낼 묘안이 있다.

"저도 라면의 유혹을 못 참던 때가 있었죠. 밤에 출출하거나 심심할 때면 끓여 먹곤 했는데, 사실 절에서도 만만한 게 라면이거든요. 하지만 속이 민감하다보니 수프 대신 된장이나 고추장을 풀어 야채를 듬뿍 넣고 끓여 먹곤 했죠."

하지만 인스턴트 식품은 분명 독이다. 아무리 조리법을 달리 한들 독인 음식이 약이 될 순 없다. 그러나 한편 음식보다 더 좋은 약도 없다. 음식 독으로 상한 몸은 약이 되는 음식으로 치유하는 것이 가장 좋다.

"위가 한창 좋지 않고 변비로 고생할 때 먹던 야채 주스가 있어요. 누군

'음식을 먹는다'는 것은 '수단'이요 '몸'을 빌려 사는 것
에 대한 최소한의 '의무'라고 생각했다. 그 이상의 의미
는 없는 줄로 알았다. 하지만 이제야 알 것 같다. 바로 그
러한 수단과 의무이기에 '무엇'을 '어떻게' 먹느냐가
중요하다는 것을.

109

가 암 치료를 위해 개발한 거라는데, 아토피나 변비, 위장 치료에 좋다면서 사형 스님이 일러준 적이 있었죠. 그래서 한 6개월 정도 꾸준히 복용했는데 그때 많은 효과를 봤어요."

야채 주스에는 우엉, 당근, 표고버섯, 무청, 무 다섯 가지 재료가 들어간다. 야채를 물에 넣고 끓어오르기 시작하면 약한 불에서 오랫동안 푹 삶는다. 맑은 물이 우러나올 때까지 끓인 다음 건더기는 버리고, 그 물을 하루에 한 컵씩 공복에 마시는 것이다.

육식을 못하는 현경 스님은 단백질 부족으로 생긴 허기증을 달래기 위해 메주콩을 애용하기도 한다. 메주 만들 때 사용하는 콩을 튀밥집에 맡겨 일명 '뻥튀기'를 하는 것이다. 그렇게 만들어진 '메주콩 튀밥'을 손이 가는 대로 주섬주섬 먹다보면 그 옛날 끔찍이도 사랑했던 불량 과자의 이름들이 스쳐간단다.

단백질 보충을 위해 버섯을 즐겨 먹기도 했다. 토굴 생활 시절엔 음식을 거의 먹지 않아 영양실조에 걸린 적도 있었다. 그때도 음식은 병원의 처방이나 약보다 좋은 치료제였다.

"당시 토굴 뒤편에 표고버섯이 자라고 있었어요. 먹을거리에 관심이 없다보니 평상시엔 채취할 생각조차 안 했는데, 몸이 쇠약해지니 몸에 맞는 음식을 알아서 찾게 되더군요. 하루는 야채 주스도 만들 겸 표고를 따기 위해 비온 뒤 나가보았는데 표고들이 손바닥만하게 피어 있었죠."

뜻밖의 표고 풍년이라 절에 찾아온 신도들과 도반들에게 넉넉히 나눠주고도 남았다. 음식에 사용할 표고 몇 장을 남겨두고 나머지는 말려두었다가 야채 주스를 만들 때나 국 끓일 때 사용하곤 했다. 인심도 후한 표고나무는 비만 오면 탐스러운 표고를 꽃처럼 피어냈다. 돌이켜보니 쇠약해진 건강을 다스릴 수 있었던 데는 그 표고들의 공이 크다.

자신의 체질에 맞는 음식을 식별해서 먹는 것은 중요하다. 그러한 식별 능력은 결국 자신의 몸에 있다. 몸이 말하는 소리에 귀 기울여보면 자신이 섭취한 음식이 독인지 약인지 알게 된다. 사실 우리가 상식적으로 알고 있는 대표적인 불량 식품만 자제할 줄 알아도 건강에 많은 도움이 될 것이다. 그리고 또 한 가지의 비결이 있으니, "예전에 약국에 위장약을 사러 갔는데, 약사가 제게 그런 얘길 하더군요. 음식을 즐겁게 먹으면 위장약이고 뭐고 다 필요 없다고요."

음식이란 그저 '때가 됐으니' 먹고 '주어진 대로' 먹으면 그만이었다. '음식을 먹는다'는 것은 수단과 의무에 가까운 행위일 뿐이라고, 몸을 지탱하기 위한 '수단'이요 몸을 빌려 사는 것에 대한 최소한의 '의무'라고 생각했다. 그 이상의 의미는 없는 줄로 알았다. 하지만 이제야 알 것 같다. 바로 그러한 수단과 의무이기에 '무엇'을 '어떻게' 먹느냐가 중요하다는 것을.

열세 번째 밥 이야기 | **원성 스님**

음식을 하는 자의 도리와
먹는 자의 도리

음식을 한다는 것은 정성을 깃들이는 것이요, 음식을 먹는다는 것은 곧 그 정성을 먹는다는 것이다. 그러니 어찌 도道가 따르지 않을까. 어찌 감사의 마음을 챙기지 않을런가. 초라한 음식 앞에서도 스님들이 두 손 모아 합장을 하는 것은 바로 그러한 까닭일 테다.

음식을 먹기 전에 해야 할 일이 있다. 가령 시금치를 먹는다고 하자. 그렇다면 마음으로 "고맙다, 시금치야"라고 인사를 건네는 것이다. 그것이 좀 겸연쩍다면 절집 사람들처럼 잠깐이나마 두 손 모아 합장을 해도 좋다. 방법이야 어떻든 음식에게 감사의 마음을 전하는 것이다. 음식은 단순히 눈으로 보고, 코로 냄새 맡고, 입으로 맛보는 것이 아니기 때문이다. 그 안에는 맛이나 영양소보다 몇 갑절 중요한 것이 담겨 있다. 바로 정성이다. 그것

覺

"오이 한 개를 먹더라도 싱그럽고 아삭한 기운이 온몸으로 전해지는 듯한 감각을 느껴보세요. 오이 입자에서부터 그 기운을 느끼면서 오이에 담긴 수많은 인연과 정성에 감사하면서 아삭아삭 먹는 거죠. 오이 한 개로도 참으로 기쁜 마음이 일어날 거예요."

은 오감이 아닌 마음으로 느끼는 것이기에 자칫 놓치기 쉽다. 그래서 마음 없이 음식을 대한다면 여러모로 손해 보는 장사가 아닐 수 없다. 제한적인 오감의 테두리 안에서는 느낄 수 없는 마음의 맛을 받아들일 수 없기 때문이다.

"식사중에 텔레비전을 보거나 라디오를 듣거나 혹은 온갖 걱정에 싸여 있으면 밥맛을 느끼지 못할뿐더러 때때로 배탈이 날 수도 있어요. 차 한 잔을 마실 때도 그 향기와 빛깔을 감상하며 여유롭게 마시는 것과 잡담하며 마시는 것은 천양지차죠. 그건 같은 차를 마셨어도 같은 차를 마신 게 아니에요."

마음이 바쁘고 머릿속이 번잡할 때는 음식에 담긴 맛과 정성을 온전히 받아들일 수 없다. 하지만 감사와 여유로움으로 음식을 대하면 비록 초라한 음식일지라도 차원이 달라진다.

"오이 한 개를 먹더라도 싱그럽고 아삭한 기운이 온몸으로 전해지는 듯한 감각을 느껴보세요. 오이 입자에서부터 그 기운을 느끼면서 오이에 담긴 수많은 인연과 정성에 감사하면서 아삭아삭 먹는 거죠. 오이 한 개로도 참으로 기쁜 마음이 일어날 거예요."

음식이란 그런 것이다. 온 몸으로 받아들이는 것, 그리고 마음으로 느끼는 것. 그것은 어머니가 밥을 짓는 모습만 떠올려봐도 알 수 있다. 자식을 위해, 남편을 위해 그네들은 밥 하나를 지을 때도 얼마나 큰 정성을 담아내는가.

"몇 해 전에 어머니인 금강 스님을 모시고 인도 여행을 다녀온 적이 있어요. 평소 부처님 나라에 가고 싶어하셨거든요. 그런데 떠날 때 스님이 챙기신 짐들이 어마어마했어요. 몇 킬로그램이나 되는 쌀에, 김치에, 전기밥통까지 상상을 초월할 정도였죠. 부처님 성지에 갔으니 직접 밥을 지어 공양을 올리겠다는 것이 스님의 뜻이었어요. 그 마음을 저버릴 수 없어 그야말로 짐을 이고 지고 성지를 돌아다녔죠."

부처님의 성지마다 금강 스님은 매일 아침 빨간 전기밥통으로 밥을 지었다. 쌀을 깨끗이 씻어 밥통에 안치고, 하얀 김이 모락모락 나는 밥을 공양그릇에 정성스레 담아 올릴 때의 그 해맑은 표정이라니. 그것은 깊은 신심에서 우러나오는 고귀한 사랑이었다. 그런 어머니의 모습에서 음식은 정성이라는 것을 깨달았다.

그동안 동자승 그림과 글을 통해 포교 활동을 해온 원성 스님은 몇 해 전 그림 공부를 위해 영국 유학길에 올랐다. 유학 생활을 하면서 스님은 모정母情을 더욱 뼈저리게 느낄 수 있었단다.

"제가 영국에 가게 된 것은 평소 잘 알고 지내던 불제자 분과의 인연이 컸어요. 그분의 자제들이 영국에서 공부를 하고 있어서 그곳을 권하셨거든요. 그래서 영국에 있는 아이들 집에서 소위 더부살이를 하며 학교에 들어갈 준비를 했었죠."

스님은 그때를 회상하면 부모님의 사랑이 얼마나 크고 깊은지 실감하게 된단다. 아이들에게 밥을 지어 먹이고 도시락을 챙겨주고 빨래를 하고 청소를 하면서 모든 남성들이 단 한 달만이라도 집안 살림을 의무적으로 해보면 좋을 거라는 생각을 했다. 새벽부터 일어나 아이들을 위해 아침식사와 도시락을 준비하던 그때만큼 모정을 피부로 실감한 적도 없었다.

"아이들이 학교에 늦었다든지 밥 생각이 없다면서 정성껏 차린 아침상을 마다하고 뛰어나갈 땐 눈물이 핑그르 돌기까지 했죠. 새벽부터 일어나 분주하게 음식을 준비한 보람이 와르르 무너지면서 마음이 찢어지는 것 같았어요. 도시락을 남겨 올 때는 더 속상했죠. 그런데 생각해보니까 저도 어릴 때

그랬더라고요. 어머니가 자식을 위해 아침을 준비하고 도시락을 쌀 때의 정성과 사랑이 얼마나 큰지 직접 해보고나서야 알았죠."

한편 정성스레 준비한 음식을 아이들이 맛있게 먹을 때는 환희심이 일어날 만큼 행복했다. 그런 소중한 체험을 통해 음식을 먹는 자의 도리가 무엇인지도 알 수 있었다. 어떤 음식 앞에서도 그것을 장만한 사람의 노고에 감사할 줄 아는 것, 그 마음만으로도 긴 시간 음식을 준비한 이의 고됨은 금세 기쁨과 보람이 되는 것이다.

정성을 짓고, 정성을 먹는 일

원성 스님은 일찍부터 음식을 만드는 재주가 좋았단다. 더 정확하게는 음식으로 마음을 전할 줄 아는 재주라고 해야 할 것이다.

"출가해서 처음으로 은사 스님께 해드린 음식이 카레라이스였어요. 아버지와 다름없는 은사 스님에게 무언가 색다른 별식을 해드리고 싶었어요. 그래서 절에 있는 야채들을 모두 직경 0.5밀리미터의 정육면체 크기로 썰었죠. 완두콩과 옥수수 알갱이 크기에 맞춰 야채들의 크기도 일률적으로 맞춰 썬 거죠. 카레를 한 술 뜨면 모든 재료가 균일하게 어우러지면서 알알이 떠지도록 말이에요."

카레라이스를 한 술 한 술 뜰 때마다 은사 스님은 크게 감동하셨다. 칼질을 정성스레 했다며 칭찬도 아끼지 않았다. 세심하고 정성 어린 음식 앞에서는 굳이 말하지 않아도 상대의 마음을 알 수 있는 법이다. 그러니 마음을 표현하는 데는 음식만큼 좋은 것이 없다. 이 같은 음식은 주변 사람들에게

緣

한 알의 곡식에는 달달한 탄수화물만 담겨 있는 게 아니다. 대지와 태양과 바람과 구름 등 천지의 은혜와 여러 사람의 피땀어린 노력과 인연들이 숨어 있다. 그것은 마음으로만 맛볼 수 있는 맛이다. 그 맛을 알게 된다면 음식을 하는 자의 도리나 먹는 자의 도리쯤은 자연히 깨닫게 될 것이다.

감동과 행복을 전해준다.

　해인사에서 강원講院(스님들이 다니는 대학) 생활을 할 때 원성 스님은 '다각' 소임을 연임하기도 했다. 다각이란 차와 간식을 준비하는 일. 대개는 한 철 동안 맡는 소임을 스님이 두 철이나 하게 된 것도 같은 이유에서다. 바로 정성을 담아내려는 노력 때문이었다.

　"해인사의 강원 스님들은 아침에 도량을 청소하는 울력이 끝나면 차를 한 잔씩 마시곤 했어요. 그 차를 준비하는 것이 다각의 소임인데, 이전 다각 스님들은 한 가지 차만 준비했죠. 하지만 저는 다양한 차를 준비해서 스님들에게 골라 마시는 재미도 주고, 차를 마시면서 환희심도 일게 하고 싶었어요. 그래서 다관을 다섯 가지로 준비해서 쌍화차와 오미자차, 구기자차, 결명자차 등을 만들어 내놓곤 했죠."

　절에서는 신심 어린 불자들이 스님들을 위해 과일 공양을 올리곤 한다. 워낙 대식구이다보니 과일도 종류별로 대량이 들어오는데, 200여 명 스님들의 과일을 준비하는 일은 녹록치 않은 일이었다. 그래서 대부분의 다각 스님은 각 처소에 과일과 칼을 하나씩 배치해서 알아서 깎아 먹을 수 있도록 했다. 하지만 원성 스님은 군대보다 힘들다는 팍팍한 강원 생활 중에 음식에서만큼은 인간적인 정을 나눌 수 있으면 좋겠다는 생각을 했다. 그래서 과일을 일일이 씻고 깎아서 보기도 좋고 먹기도 좋은 크기로 잘라 처소마다 돌리곤 했다. 그 시절에 갈고 닦은 과일 깎는 솜씨는 지금도 누구에게 뒤지지 않을 자신이 있다.

　환경 문제에 유독 관심이 많은 원성 스님은 몇 해 전 환경을 주제로 한 동화책을 출간하기도 했다. 지구 온난화 문제부터 물 부족, 사막화 현상 등 지구의 환경 문제가 얼마나 심각한지 알리고 싶었다. 우리가 살아 숨쉬고 있는 삶의 터전을 우리 스스로 파괴하는 행위들이 얼마나 많은가. 거기에는 식생활 속에서 야기되는 문제들도 포함된다. 음식을 만들면서, 남은 음식을 처리하면서 익숙해진 작은 버릇과 무심한 행동이 엄청난 환경 파괴를 불러오기 때문이다.

"환경 운동은 식생활에서부터 실천해야 해요. 우선 필요 이상의 음식을 만들어 음식물을 버리는 일이 없어야겠죠. 기름의 사용도 가급적 자제하는 것이 좋아요. 기름 방출을 최소화하기 위해 애초에 기름을 자제한 식단을 짜서 음식을 만들어도 좋을 거예요."

남은 음식의 재활용, 기름을 덜 쓰는 식단 짜기, 철저한 분리 수거 등 음식물 쓰레기를 줄이려는 노력만으로도 환경 운동이 되는 것이다.

"절에서는 이미 '빈 그릇 운동'을 실천하고 있어요. 말 그대로 음식을 남기지 말자는 거예요. 밖에서 사 먹고 남은 음식을 집으로 챙겨와 재활용해서 먹을 줄 아는 습관도 길러야 해요. 이미 선진국에서는 생활화되어 있죠. 자연을 개발하고 이용할 궁리만 할 게 아니라, 이젠 후세들을 위해서라도 자연에게 받은 혜택을 돌려주고 살려내는 쪽에 치중해야 해요."

여러 해를 영국에서 지내다보니, 그들의 식문화에서 배우고 느낀 점들이 많았다. 그 중의 하나가 '원 플레이트 one plate' 식단이다. 즉 '한 그릇 운동'이라고 할 수 있다. 이는 여러 면에서 낭비를 줄이는 우리나라의 '빈 그릇 운동'과 견줄 만하다.

"원 플레이트 식단은 영국인들에게는 그저 일상화된 식문화예요. 영국인들은 음식물 버리는 것을 무척 싫어하거든요. 그래서 원 플레이트 식단은 자연스럽게 생긴 문화라고 볼 수 있어요. 우리나라도 그런 점을 참고해야 해요. 우리는 국그릇부터 밥그릇, 찬그릇까지 여러 그릇들이 밥상 위에 올라오잖아요. 그게 푸짐해 보일지는 몰라도 여간 번거로운 일이 아니에요. 인력 낭비에 시간 낭비, 음식 낭비, 설거지할 때 물 낭비까지 여러모로 낭비의 원인이 되죠."

이런 면에서 볼 때, 우리네 절의 식문화는 이미 오래전부터 선진화되어 있다고 해도 과언이 아니다. 발우공양만 해도 그렇다. 발우라는 네 개의 그릇을 이용해 각자 알맞은 양의 음식을 덜어 먹으니 음식 낭비를 줄일 수 있다. 또 앉은자리에서 설거지까지 끝마치니 물과 인력도 아낄 수 있잖은가. 굳이 발우공양이 아니라도 절에서는 '3소찬'이라 하여 세 가지 음식만으로 식사할 것을 권하기도 한다. 사실 찬이 많다고 해서 좋은 식사가 되는 것은 아니다. 한두 가지 찬이라도 정성껏 맛있게 만들어 먹을 줄 아는 것. 그것이야말로 훌륭한 식사임에 틀림없다.

어린 시절, 금강 스님은 식사 후에 밥그릇에 묻어 있는 밥알의 숫자만큼 알밤을 주시곤 했다. 그러면서 잊지 않고 꼭꼭 챙기시던 말씀이 있다.

"한 방울의 물에도 천지의 은혜가 숨어 있고, 한 알의 곡식에도 만인의 노고가 담겨 있다."

한 알의 곡식에는 달달한 탄수화물만이 담겨 있는 게 아니다. 대지와 태양과 바람과 구름 등 천지의 은혜와 여러 사람들의 피땀 어린 노력과 인연들이 숨어 있다. 그것은 마음으로만 맛볼 수 있는 맛이다. 그 맛을 알게 된다면 음식을 하는 자의 도리나 먹는 자의 도리쯤은 자연히 깨닫게 될 것이다.

열네 번째 밥 이야기 | **현오 스님**

산중의 보약,
더 이상 보탤 맛이 없다

깊은 산중의 토굴 생활에서 음식이란 목숨줄과 같다. 음식이 생존을 위한 식량이 될 때, 그것은 동시에 건강을 지키는 유일한 보약이 되기도 한다. 틈틈이 채취해둔 나물에 된장이나 고추장 하나만 있으면 산중에선 그보다 더한 식량도 보약도 없으니. 햇빛과 바람과 대지의 기운을 받고 자란 존재들에 더할 맛이 무엇이랴.

월정사가 자리한 오대산 자락은 취나물의 보고와 다름없었다. 매일 먹는 음식은 질리기 마련이건만 이곳 사람들의 취나물 사랑은 사시사철 열렬하기만 했다. 취나물을 채취하기 시작하는 봄에는 두말할 것도 없고, 말린 취나물을 1년 내내 공양간 한켠에 여보란 듯이 달아두니, 평소에는 오며가며 바라보는 '관상용'이요 '그림의 떡' 인지라 굴비 꾸러미가 따로 없었다.

"절에 큰 행사가 있는 날에만 특별한 찬으로 상에 올렸죠. 처음엔 색깔도 시꺼멓고 생소한 나물이 올라와서 뭐 이런 음식이 다 있나 싶었어요. 젓가락도 안 대니까 주위 사람들이 이 좋은 걸 어찌 모르냐는 거예요. 하도 권하기에 먹게 됐는데 차츰 그 맛을 알게 되더군요."

심리학 연구소를 운영하는 현오 스님이 취나물과 처음 대면한 것은 월정사로 막 출가한 무렵이었단다. 거무스름한 빛깔에 거칠어 보이는 모양새라니 그 요상한 생김이 맘에 들지 않아 눈길조차 주지 않았더란다. 나물을 좋아하지도 않았던 터라 입맛이 전혀 당기질 않았지만 그 맛을 접할수록 차츰 그 진미를 알게 되었다. 어느새 종류에 따라 맛의 차이까지 식별하게 됐으니 첫 만남의 생소함은 기억조차 희미해졌다.

"취나물 중에 '곰취'라는 것이 있는데, 일반 취나물보다 훨씬 부드럽고 맛과 향이 뛰어나요. 사실 취나물을 좋아하는 사람이라면 없어서 못 먹지 이것저것 가릴 것 없이 억센 줄기까지 알뜰하게 먹죠. 늦봄에 채취한 나물들은 끝 부분이 억센 편이라 처음엔 안 먹고 남겼어요. 나물만이 아니라 상추나 깻잎을 먹을 때도 끝 부위는 아예 못 먹는 걸로 여기고 남겨놓곤 했죠."

그러던 어느 날, 옆 자리에 앉은 도반 스님이 "이 아까운 걸 왜 버리느냐"며 모두 주워 먹었다. 그러면서 전생에 탐욕이 많아 아귀로 태어난 중생의 일화를 들려주었다. 전생의 업보로 목구멍이 좁게 태어난 아귀는 찌꺼기가 하나도 없는 맑은 천수물_{발우공양 때 설거지한 물}만 먹을 수 있었단다. 그래서 사람들이 밥을 먹고 있으면 문 밖에서 천수물을 얻어먹기 위해 기다리고 있는데, 그 물에 고춧가루가 하나라도 섞이게 되면 목에 걸려 엄청난 고통을 겪게 되는 것이다. 절에서는 발우공양을 할 때 고춧가루 하나 남김없이 먹고, 그릇을 씻은 물이 깨끗한지 철두철미하게 확인한다. 그렇지 않을 때는 온 대중이 그 물을 나눠 먹는 관습이 있는데, 그러한 식사예법에는 아귀의 일화가 곧잘 어우러지곤 한다.

그 일이 있은 후 스님은 음식을 남김없이 먹는 습관을 들이게 됐단다. 수행자라면 더욱이 간과해서는 안 될 기본의 마음가짐을 일깨워줬으니 옆자리에 앉은 도반은 곧 스승이었다.

취나물과의 인연은 스님이 토굴 생활을 하면서 더욱 각별해졌다.

"큰스님의 시자 생활을 하면서 스님의 법문을 가까이에서 접할 수 있었어요. 그때 세속의 생각도 많이 떨쳐버리고 큰 감화를 받았지만, 직접 경험하고 실천하지 않으면 결국 내 것이 아니라는 생각이 들었죠. 그래서 선방 생활을 하다 우연찮은 기회에 덕유산 정상 가까이에 있는 토굴에서 생활하게 됐어요."

해발 1,600미터의 덕유산. 근처 1,200미터에는 백련사가 있고, 스님의 토굴은 덕유산 정상과 백련사 중간쯤에 위치하고 있었다. 일 년 내내 인적이라곤 거의 없는 깊은 산중이었다. 전기는 들어오지도 않거니와 시장 볼 일이 만무하니 모든 것을 산중에서 자급자족할 수밖에 없었다. 그때 스님에게 긴한 식량이 되어준 것이 바로 취나물이었다.

"덕유산에서도 제가 거주했던 지역은 '참취'라는 취나물이 자생하는 곳이었죠. 참취는 일반 취나물보다 여리고 부드러워 맛이 좋아요. 그 지역 사람들은 참취를 '도시락취'라고도 불렀는데 오대산에서 맛본 취나물은 저리 가라였죠. 그동안 먹어본 나물 중에 최고였어요. 참취를 삶아 된장이나 간장을 넣고 들기름 몇 방울 넣어 무쳐 먹으면 진미가 따로 없었죠."

참취 하나면 임금의 성찬도 부럽지 않던 그때, 취나물은 생존을 위한 식량이자 건강을 지켜주는 산중의 보약이었다.

생존의 식량, 산중의 보약

당시 취나물과 쌍벽을 이루는 나물이 있었으니, 바로 다래순이다. 다래순 또한 취나물과 마찬가지로 장과 들기름 몇 방울만 있으면 족했다.

"다래순을 물에 담가두고 끼니마다 건져 먹었어요. 된장에 슬쩍 찍어 먹기도 하고 고추장에 버무려 먹어도 맛났죠. 나물을 무칠 때는 손에 묻은 양념이 아까워 혀로 핥아가면서 무쳐먹곤 했죠."

적막한 산중에서 홀로 토굴 생활을 한다는 건 생각보다 만만한 일이 아니었다. 이른 봄부터 늦봄까지는 일 년 내 먹을 나물을 채취하러 다녀야 했고, 여름과 가을에는 땔감을 마련하러 다니는 일만으로도 하루가 벅찼다. 땔감은 음식을 할 때는 물론이고 고도가 높은 곳에선 한여름에도 불을 때야 잘 수 있으니 틈이 나는 대로 비축해 놓아야 했다. 눈이 무릎까지 쌓여 옴짝달싹도 할 수 없는 겨울엔 저절로 동안거冬安居(스님들이 겨울 한철동안 한곳에 머물면서 정진하는 것)에 들어갈 수밖에 없으니, 그렇게 저장해둔 나물과 땔감은 생명과도 같은 것이었다.

"겨울을 제외하곤 김치를 구하기 위해 한 달에 한 번씩 백련사로 탁발을 다녀오곤 했어요. 다른 찬이 있으면 나물을 좀더 아껴먹을 수 있으니 이를테면 전략인 셈이었죠. 토굴에서 백련사까지는 왕복 두 시간 정도 걸리는데, 작은 통 하나를 들고 가서 한 통 받아오면 한 달은 너끈히 먹을 수 있었어요."

한 해 두 해를 겪어내니 토굴 생활에도 점차 요령이 생겨났다. 나중에는 방에 불을 때면서 동시에 간편하게 밥을 짓기 위해 큰 솥 안에 작은 솥 하나를 겹쳐 넣고 중탕으로 밥을 지어 먹기도 했다.

산중 토굴살이에서는 개미와 같은 부지런함은 기본이요 담력 또한 필수다. 밤에 산돼지나 이름 모를 날짐승이 문 앞에 와서 울부짖을 때는 어지간한 담력이 아니고는 버티기가 힘들기 때문이다.

"날짐승들이 방문 앞까지 와서 울부짖을 때는 목탁이나 쟁반을 정신없이 두드리곤 했어요. 저녁 나절에 목욕하러 문 밖에 나갔다가 겁이 나 쫓겨 들어온 적도 있었죠."

홀로 공부하는 토굴 생활이나 여러 사람들과 어울려 살아가는 대중 생활이나 수행자들에게는 중요한 경험이 된다. 그 속에서 수행의 전진과 퇴보를 경험하며 자신에게 적합한 수행법과 환경을 알게 된다. 한편 계율을 철저히 지켜봄으로서 그 계율이 생긴 이유를 몸소 체험해볼 필요가 있다.

"토굴 생활 중에는 오후불식을 하고 오신채五辛菜(우리나라 사찰에서 특별히 먹지 못하게 하는 음식 다섯 가지. 마늘과 파, 부추, 달래, 흥거로 대부분 자극이 강하고 냄새가 많은 것이 특징이다)를 삼갔죠. 선방과 토굴 생활을 하면서 파나 마늘 등의 오신채가 그 어떤 음식보다 냄새가 독하다는 걸 알게 됐어요. 시장이나 약국에 일보러 나갔다가 오신채가 섞인 바깥 음식으로 끼니를 해결하고 들어올 때면 그 냄새가 하도 독해 견뎌내질 못할 정도였어요."

만행萬行(스님들이 공부의 방편으로 떠나는 여행)중에 불가피하게 식당에서 음식을 사먹어야 할 땐 밥과 간장만 시켜먹으며 계율을 지키려 애썼다. 그러한 경험에 비춰볼 때 오후불식 또한 수행자들이 한 번쯤은 경험해볼 필요가 있다.

"미얀마에서 석 달 동안 수행한 적이 있었는데 그곳에서도 오후불식을 하더군요. 노동이나 활동량이 많은 사람에게는 물론 세 끼 식사가 필요하겠지만, 참선과 정진을 하는 사람들에게는 하루 두 끼의 식사가 가장 적합하다고 생각해요. 규칙적인 식습관과 소식, 행선 등으로 몸을 적절히 움직여주는 수행을 병행해보니 여러 잔병들이 자연스레 완쾌되면서 몸이 건강해지는 걸 느낄 수 있었죠."

그 방편이야 다를 수 있으나 한시도 수행을 게을리 하지 않는 것이 수행자의 일이다. 그것은 그들 삶의 전부라고 할 만큼 가장 중차대한 업이니 그러한 과업을 이루기 위해 어느 방법이 옳다고 말할 수는 없다. 그저 각자의 근기에 맞는 뗏목을 선택하여 강을 건너야 할 것이다. 하지만 어떠한 뗏목에서든 강을 건너기 위해 필요한 식량을 실어야 하고, 그것을 어떻게 먹을 것인가에 대한 계획과 실천이 필요하다. 그러니 수행에 있어 음식과 식습관은 중요한 수단이 된다.

아침에는 누룽지죽 한 사발이요 점심과 저녁에는 김치나 깍두기가 전부였지만 그것만으로도 족한 시절이 있었다. 그때를 돌이켜보면 음식의 귀중함이란 새삼 말할 필요도 없다.

"꿈에서 음식은 '일'을 상징할 만큼 중요한 의미를 갖죠. 백장 선사의 '일일부작이면 일일불식一日不作 一日不食' 이라는 말은 꿈의 원리와도 같아요. '하루 일하지 않으면 하루 먹지 않는다'는 얘기죠. 상식적으로 생각해도 일을 해야 그 대가로 밥을 먹을 수 있지 않겠어요."

꿈에서나 현실에서나 일하지 않는 자, 음식을 먹을 수가 없으니. 보잘것없는 음식일지라도 그것을 대할 때는 잠시 생각해볼 일이다. 그것을 취하기에 얼마나 자격됨이 있는가를.

03
자연과 심신이
일여—如임을 깨우치다

열다섯 번째 밥 이야기 | **혜용 스님**

'겁나게' 맛나고
몸에 좋은 봄의 보약

"밥때니까 생각 없어도 한술 떠보랑께." 밥때 와서 밥 한술 뜨지 않는 것이 못내 서운한 공양주 보살이 밥 생각이 없다는 아랫마을 처사와 실없는 실랑이다. 솔솔 구수하니 흘러오는 보리된장국 냄새에 "아무래도 한술 뜨고 가야 쓰겄구만" 하며 국 한 그릇을 뚝딱 비우니, 처사의 황소고집도 보리된장국 앞에선 당할 재간이 없는 모양이다.

"아따, 보약이 따로 없당께."
"오죽하면 설 지나서 보리된장국 세 그릇은 먹어야 된다는 말도 안 있소."
이른 저녁, 절에 마실 온 마을 사람들은 국 한두 그릇을 게 눈 감추듯 비우며 저마다 한 마디씩 보탠다. 어느새 산골 절의 공양간은 온통 보리된장국 타령이다.

전라도 함평에는 여름이면 붉디붉은 상사화가 지천으로 피는 예쁜 산이 있다. 늙은 엄마의 젖가슴처럼 포근한 산자락 아래에는 용천사라는 작은 절이 있다. 밤낮으로 재잘대는 산새들의 소리에도 마음이 오롯이 한 곳에 머무는 곳. 이른 봄에는 보리된장국 한 그릇만으로도 푸짐한 입담과 잔치가 벌어지는 곳. 용천사의 공양간은 무시로 마을 사람들의 사랑방이 된다.

이곳 사람들에게 보리된장국은 '봄의 보약'이다. 바야흐로 봄은 보리된장국의 계절인 것이다. 공양주 보살이 이틀이 멀다 하고 끓여대도 누구 하나 불평불만이 없다. 그저 구수한 보약 한 사발 들이키는 기분으로 한두 그릇씩은 뚝딱이다. 밥 생각이 전혀 없다던 고집쟁이 처사도 금세 마음을 돌이키니 그 구수한 맛을 말해 무엇하랴.

용천사의 주지인 혜용 스님도 보리된장국의 열성 팬이다. 스님의 지론은 이러하다. 굳이 보리된장국만이 아니라 된장이 들어간 모든 음식이야말로 '웰빙 음식'이 아니겠냐는 것. 된장이 들어간 음식이면 무엇이든 좋단다. "된장국이나 찌개를 끓일 때는 된장을 살짝 볶은 후에 끓여야 제맛"이라며 노하우까지 일러준다. 된장에 양념을 추가할 때도 방법은 마찬가지. 된장에 양념을 넣고 볶은 후에 물을 붓고 끓여야 장의 깊은 맛이 살아난단다.

"된장국에는 된장의 맛이 가장 중요하지만, 된장과 궁합이 잘 맞는 재료들을 함께 넣고 끓여주는 것이 특히 중요하죠. 음식과 음식이 만나 상승 효과를 낼 때 비로소 음식이 보약이 되니까요. 요맘땐 보리만한 게 없어요. 늦가을에 심은 보리는 초봄이 되면 싹을 틔우는데, 바로 그 여린 잎을 따다 된장국에 넣고 끓이면 고것이 바로 약인 거죠."

秋

가을은 무의 계절. 그래서 무시래기는 찬 기운이 돌기 시작하는 늦가을 무렵에 말린다. 서리를 두서너 번 맞아가며 황태마냥 얼었다 녹기를 반복하다 보면 잎이 숙성되면서 당도가 높아지고 비로소 '시래기다운' 맛을 자아낸다. 음식으로는 물론이고 약 대용으로도 쓰일 정도로 절에서는 귀중한 양식이다.

된장과 찰떡궁합을 자랑하는 파트너는 꼭 보리만이 아니다. 계절에 따라 합궁 파트너가 달라지는데, 초봄의 따스한 기운이 더해지면 보리에 이어 냉이가 바통을 잇는다. 뿌리째 캐낸 냉이를 그대로 씻어 된장국에 넣으면 그것 또한 보약이다. 이렇듯 된장과 제철 재료가 만나면 건강에 두서너 배는 이로운 상승 작용을 한다. 그러니 된장국이야말로 '밥상 위의 보약'인 셈이다.

반면, 시절인연을 초월하여 사계절 내내 된장과 조화를 이루는 파트너가 있다. 바로 시래기다. 시래기와 된장의 궁합 지수는 견우와 직녀 뺨칠 정도랄까. 된장과 시래기의 상봉에는 오작교의 도움조차 필요없다. 국이면 국, 찌개면 찌개, 나물이면 나물, 어떤 형태의 만남이든 두 주인공만 있으면 그만이다. 여기에 이런저런 부재료가 끼어들면 되레 실례만 될 뿐이다. 그만큼 된장과 시래기 자체의 맛과 영양의 조화는 완벽에 가깝다.

가을은 '무의 계절'이라 이를 만큼 무 맛이 그야말로 물이 오른다. 그래서 무시래기는 찬 기운이 돌기 시작하는 늦가을 무렵에 만든다. 무시래기인 무청은 길어서 그냥 말리면 부스러지기 쉬워 말리기 전에 한 번 삶아주는 것이 요령이다. 서리를 두서너 번 맞아가며 황태마냥 얼었다 녹기를 반복하다 보면 잎이 숙성되면서 당도가 높아진다. 그런 고난 속에서 시래기는 비로소 '시래기다운' 맛을 자아낸다.

"시래기는 뭐니 뭐니 해도 무청으로 만든 시래기가 최고"라는 혜용 스님. 시래기는 일상의 식생활에서는 물론이고, 초파일이나 절에 큰 행사가 있을 때마다 손님 접대를 위한 귀중한 양식으로 쓰인다. 알고 보면 스님은 보통 '시래기 마니아'가 아니다. 시래기를 약 대용으로 애용할 정도다. 특히 몸살이 나려 할 때 시래기를 두 솥 넘게 삶아 '겁나게' 복용하면, 오던 몸살기도 줄행랑을 친다는 것. 그리하여 공양간 광에는 1년 365일, 수북한 시래기 단이 국보급 보물마냥 '안치되어' 있다. 작년 가을녘에 일찌감치 준비해둔 시래기단만 떠올리면 1년 치 식량 걱정도 사라지고 마음이 절로 뿌듯해진 단다. 찬바람의 모진 시련을 버텨내면 사람의 쓰임도 이처럼 유용해질런가. 가끔 바라본다. 더도 말고 덜도 말고 시래기만 같기를.

그대로가 바다인 감태

전라도 지역의 절 밥상에는 이방인에게는 다소 생소한 찬이 올라온다. 그중 하나가 '감태'다. 얼핏 보아선 파래나 매생이와 비슷하지만, 그 맛과 향은 감히 범접할 수 없는 경지다.

"제가 어렸을 땐 감태를 초가집 위에 듬성듬성 널어놓고 말렸어요. 그렇게 말린 감태를 김처럼 밥에 싸먹곤 했죠. 요즘은 물기를 자작하게 해서 먹는 편인데, 살짝 말려서 꼬들꼬들하게 먹으면 고소한 맛이 겁나게 좋죠."

감태의 대표적 서식지는 무안, 목포, 신안 등의 서남해 지역으로 대개 12월에서 2월 사이에 채취한다.

무안이 고향인 혜용 스님에게 감태는 김치와도 같은 음식인지라, 손이 가든 가지 않든 밥상 한 귀퉁이에 늘 올라와 있어야 서운치가 않단다. 걸음마를 뗄 때부터 갯벌을 돌아다녀야 했으니, 감태라면 한때 '징글징글' 하던 적도 있었다. 차디찬 겨울 갯벌에서 감태를 채취하는 일은 온 동네 사람들의 일상이자 고된 노동이었던 것이다. 그런 수확물이다 보니 맛과 향 또한 '징글징글하게' 깊어 그대로가 바다다.

감태는 얼었다 녹아도 맛과 향의 변화가 거의 없다. 그래서 냉동실에 보관해두면 사계절 내내 먹을 수 있는데, 그중에서도 감태를 진짜 맛있게 먹을 수 있는 계절은 여름이다. 냉동실에서 꺼낸 감태를 살얼음이 잡힐 정도로만 녹여 차게 먹으면 그만한 여름철 별미가 따로 없다.

감태는 미역, 파래, 다시마 등의 해조류처럼 혈액 순환에 좋고, 피부 미용과 다이어트에도 그만이다. 조리법은 너무나 간단해서 민망한 수준. 얼린 감태를 해동시켜 한두 번 씻어준 다음, 조선간장과 깨소금을 살짝 넣어 버무려주기만 하면 된다. 만약 해조류 특유의 냄새가 꺼려진다면 참기름 몇 방울만 첨가하면 걱정 끝이다.

깊은 바다의 맛과 향을 고스란히 느낄 수 있는 감태. 영양 만점에 조리법과 보관이 쉬워 어느 계절이든 먹을 수 있으니, 이만큼 간편한 '웰빙 음식'이 또 있을까.

"우리는 음식을 맛과 향, 모양만으로 평가하죠. 하지만 인간의 모든 육감을 담고 있는 것이 음식이에요. 반찬 한 가지만 해도 그래요. 우선 재료를 구하기 위해 시장에 나가 싱싱한 것을 고르거나 밭에 나가 뜯어 와야 해요. 다음엔 재료를 씻고, 다듬고, 또 조리 과정에서도 온갖 정성을 쏟잖아요."

그 모든 과정과 노력, 정성이 담겨 완성된 것이 바로 음식이다. 매 끼니마다 대하는 국 한 그릇 밥 한 그릇도 밥상에 올라오기까지는 수많은 행위와 인연들이 담겨져 있으니, 음식이란 비단 혀와 눈으로 느끼고 맛보는 대상만은 아닐 테다.

보리된장국처럼 구수하고 걸쭉한 마을 사람들의 입담 속에 된장국 한 그릇을 덩달아 비웠다. 심연의 바다 맛에 매료되어 감태 한 접시까지 게 눈 감

"홍시도 감태처럼 얼었다 녹아도 당도가 변치 않는 과일이에요. 이렇게 눈 속에 묻어두면 얼지는 않되 적당히 차가우면서 부드러운 홍시를 먹을 수 있죠."

추듯 하니, 호강 어린 트림이 연실 올라온다.

소화가 채 되기도 전에 스님은 절 안뜰, 이른 봄볕에 채 녹지 않은 눈밭을 헤치더니 무언가를 꺼낸다. 발그레한 다홍빛 홍시 하나. 이름 하여 '홍시 소프트아이스크림'이란다.

"홍시도 감태처럼 얼었다 녹아도 당도가 변치 않는 과일이에요. 이렇게 눈 속에 묻어두면 얼지는 않되 적당히 차가우면서 부드러운 홍시를 먹을 수 있죠."

절에 손님들이 찾아오면 스님은 눈밭에 미리 묻어둔 '홍시 디저트'를 대접하곤 한단다. '겁나게' 특별한 '용천사표 디저트'까지 받아드니, 서울 촌놈의 배가 복에 겨운 트림질을 그칠 줄 모른다. 하긴 이런 호사로운 음식들을 어디서 구경인들 했으랴. 오장육부에서 솔솔 풍겨오는 심연의 비린내마저 향기롭다. 이래서 절 음식은 많이 먹어도 좋은 것이리라.

열여섯 번째 밥 이야기 | **영만 스님**

'태안泰安' 같은 음식과
조물락 공양주 보살님

안온함과 넉넉함이 태안泰安과도 같은 절, 태안사. 그곳에는 스님들을 자식처럼 섬긴 일명 '조물락 공양주 보살님'이 계셨다. '오늘 반찬은 무엇으로 할꼬?'를 일생일대의 화두로 삼고 끼니마다 모정의 음식을 지어내던 보살님. 음식에 담긴 그 마음이야말로 '태안'이었다.

전남 곡성의 동리산에는 어머니의 자궁처럼 고요하고 평온한 절이 있다. '크게 편안하다' 하여 이름 지어진 '태안사'. 마음을 씻으라는 '정심교'와 지혜를 얻어가라는 '반야교', 도를 이루기 전엔 속세로 돌아오지 말라는 '해탈교'. 각각의 이야기가 담긴 다리를 지나 천 년의 세월을 장구히 이어온 정자 모양의 다리 '능파각'까지 건너노라면 어느새 속세의 번민은 티끌과도 같아진다. 그 다리들을 건너 청솔모가 한 자락 내어준 일주문 앞 계단을 올라 절 앞에 이르면 부처님 사리탑을 모신 커다란 연못에 다다른다. 공양 후에나 이른 새벽녘에나 달빛 비추는 달밤에도 더없이 좋은 수행처였던 그곳을 여유로이 포행하는 일만으로도 신심은 절로 일고 수행이 따로 없다. 다리를 건너고, 연못을 돌고, 댓잎이 바람에 스치는 대숲 사이를 거닐다보면, 태안사는 온통 '불고불락不苦不樂'의 포행길 천지임을 알게 된다.

태안사에는 말 그대로 '태안'과도 같은 음식을 지어내는 공양주 보살님 한 분이 살았다. 잠깐 조물락거리는 듯싶으면 반찬 서너 가지쯤은 우습게 만들어낸다 하여, 일명 '조물락 보살님'으로 통하기도 했던 노보살님. 하지만 '우습게' 음식을 만들어내기까지는 그 얼마나 인고의 세월이 필요했으랴.

"보살님이 하신 얘기가 기억나요. 속가 음식이야 고기나 생선 같은 재료를 사용할 수도 있고 양념도 이것저것 넣을 수 있는데, 절에서는 온갖 풀만 갖고 궁리해야 하니 더욱 고민이 된다는 거였죠. 그래서 스님들이 도량석道場釋(새벽 예불을 알리기 위해 목탁을 치고 염불을 하면서 절을 도는 의식)을 할 때면, 일어나 앉아 가장 먼저 하는 일이 '반찬 화두'를 잡는 일이라고 했어요. 불가에서는 '이 뭐꼬?'라는 대표적인 화두가 있는데, 보살님의 평생 화두는 '오늘 반찬은 무엇으로 할꼬?'였던 거예요."

태안사에서 청화 스님의 제자로 출가한 영만 스님에게 그 시절의 인연으로 만난 공양주 보살님에 대한 기억은 스승의 기억만큼이나 남다르다.

당시 태안사는 스님들이 정진하는 선방은 물론 일반인들이 공부하는 시민 선방까지 운영하고 있었다. 대중 수도 만만치 않지만, 공부하느라 예민해진 선방 식구들 개개인의 식성과 입맛을 맞추기란 여간 힘든 일이 아니었다. 식단에 적절한 변화를 줄 줄도 알아야 하거니와 음식이 몸에 부대끼는 일이 없도록 맛이나 영양 면에서 모두 만족스러워야 했다. 그만큼 까다로운 것이 선방 음식인데, 조물락 보살님의 음식에는 단 한 명의 스님도 토를 다는 일이 없었다. 남다른 재료를 사용하는 것도 아니고 특별한 비법이 있는 것도 아니었건만, 대부분의 스님들이 '태안사표 호텔 음식' 이라며 입을 모아 칭송할 정도였다.

'스님들의 어머니' 로 통하기도 했던 조물락 보살님은 태안사를 거쳐 간 수많은 스님들의 행자 시절과 성격, 식성까지도 일일이 기억했다. 보살님의 또록또록한 기억은 흘러간 세월도 무색케 하니, 아직도 '호박잎과 머우쌈, 시래기나물을 좋아하는 영만 스님' 이라는 데이터를 족집게처럼 끄집어낸다. 그 마음은 자식을 대하는 어미의 심정이라 오랜만에 해후라도 하면 데이터에 맞게 '조물락' 의 솜씨를 발휘하곤 한다. 콩알이 듬성듬성 박힌 구수한 된장에 겨우내 잘 말려둔 시래기를 삶아 조물조물 무쳐내고, 매콤한 고추를 다져넣어 걸쭉하게 끓인 강된장에 머우쌈을 곁들여 천하에 부러울 것 없는 밥상을 차려내는 것이다.

몸에 필요한 최소한의 음식은 '약', 그 이상은 '탐심'

공양주 보살님을 생각할 때면 스님은 태안사의 행자 시절이 떠오르곤 한단다. 초발심이 성성했던 그때는 신심으로 충만한 시절이었다. 더러운 화장실을 청소하는 일조차 마음을 닦아내는 수행으로 생각했으니 그저 즐겁기

조물락 보살님의 음식에는 단 한 명의 스님도 토를 다는 일이 없었다. 남다른 재료를 사용하는 것도 아니고 특별한 비법이 있는 것도 아니었건만, 대부분의 스님들이 '태안사표 호텔 음식'이라며 입을 모아 칭송할 정도였다.

만 했다.

"저는 홀로 행자 시절을 보냈어요. 중간에 두 명의 행자가 들어오긴 했는데, 궂은일들을 못해 며칠 못 가 나가버리곤 했죠. 그중 한 행자는 대학 교수 출신이었는데, 고무장갑을 끼고 변기 청소하는 법을 가르쳐줬더니 도저히 못하겠다고 하더군요. 자기는 참선하고 수행하기 위해 출가한 것이고, 더구나 이런 일은 비위가 약해 못하겠다는 거였죠. 사실 참선이나 화장실 청소나 알고 보면 똑같은 수행이에요. 대중을 위해 음식을 만드는 일도 마찬가지고요. 가부좌 틀고 앉아 있는 참선보다 몇 배는 뛰어난 수행이라고 할 수 있죠."

아침 공양을 준비하는 일도 행자들의 몫이었다. 선방을 운영하는 큰 절은 대부분 아침 공양으로 죽을 먹곤 했다. 영만 스님도 예외는 아닌지라 새벽마다 공양간에서 죽을 쑤어야 했다.

"처음엔 쉽지 않았지만, 새벽마다 죽을 끓이다보니 나중엔 '죽의 달인'이라도 되겠더군요. 죽도 찬처럼 똑같은 메뉴를 연달아 올리면 안 되니까 다양하게 끓여야 했죠. 전날 흰죽을 끓였으면 오늘은 잣죽이나 땅콩죽을 끓이고, 내일은 깨죽, 다음 날은 누룽지죽을 끓이는 식이에요. 죽 공양을 할 땐 여러 찬이 필요 없고 단무지나 장아찌, 김가루 정도만 준비하면 되니 상차림은 비교적 간단한 편이었죠."

단순해 보이는 음식이지만 죽은 한 끼의 식사이므로 밥만큼이나 제대로 끓여야 한다. 그래서 특별히 주의할 점이 있다. 죽이 죽 같으면 안 된다는 것. '죽 같지 않은 죽'이라 함은 쌀알이 퍼지지 않고 힘과 끈기가 살아있음을 말한다. 그러기 위해서는 간단하지만 중요한 요령이 있다. 전날 밤에 미리 불려둔 쌀을 물이 팔팔 끓을 때 넣어주는 것이다. 반드시 끓는 물에 넣어야 쌀알이 퍼지지 않으면서 쫀득쫀득해진다. 그런 다음 처음엔 센 불에서 주걱으로 저어주면서 끓이다 어느 정도 쌀알이 익기 시작하면 불을 약하게 조절하고, 갈아놓은 잣이나 땅콩, 깨 등의 부재료를 넣고 계속 저어주는 것이다. 죽을 잘 쑤기 위해서는 젓는 일 또한 게을리 해서는 안 된다. 잠시 방심했다가는 바닥에 눌어붙기 십상이니 죽은 '정성의 음식'이라 하겠다. 한편 환자들을 위해 죽을 끓일 때는 병이 빨리 낫기를 바라는 마음을 담아야 진짜 죽이라 할 것이니, 죽은 또한 '진심의 음식'이기도 하다. 그렇게 정성껏 젓다가 물의 양이 차차 줄어 주걱이 뻑뻑하게 저어질 정도가 되면 완성 단계에 이른다. 이때 굵은 소금으로 살짝 간하면 되는데, 아예 간을 하지 않고 담백하게 먹어도 좋다.

죽이 선방 스님들의 단골 아침 메뉴라면 특별한 날에만 먹는 영양 보충용 음식도 있다. 보름에 한 번, 삭발하는 날에 먹는 두부지짐과 찰떡이 그것이다.

"선방에선 스님들이 보름마다 단체로 머리를 깎아요. 그날은 참선도 잠시 쉬고, 자율정진을 하면서 영양 보충을 하죠. 영양식은 삭발을 마치고 점심 공양 전에 간단히 하는데, 산중에서 뭐 특별할 게 있나요. 절마다 차이는 있지만, 태안사에선 주로 두부지짐이와 찰떡을 해먹었어요. 기름에 노릇노릇하게 지진 두부를 간장에 찍어 먹으면 고소하고 담백한 맛이 일품이었죠. 떡메로 쳐서 만든 찰떡은 밥알이 듬성듬성 씹히면서 구수하니 입에 착착 안기죠. 수행의 시름도 잠시 잊게 하고 기운을 북돋아주는 음식이었죠."

두부와 찰떡만큼이나 일품이었던 것이 우거지찌개와 시래기국이다. 김장할 때 버려진 배추 잎 찌꺼기나 무 이파리를 엮어, 처마 밑에 보기 좋게

"기름에 노릇노릇하게 지진 두부를 간장에 찍어 먹으면 고소하고 담백한 맛이 일품이에요. 떡메로 쳐서 만든 찰떡은 밥알이 듬성듬성 씹히면서 구수하니 입에 착착 안기죠. 수행의 시름도 잠시 잊게 하고 기운을 북돋아주는 음식이었죠."

息

달아두는 것만으로도 우거지와 시래기라는 근사한 작품이 되니. 옛날 아낙네들의 발상이란 기막힐 따름이다.

"그런 발상을 어찌 했나 싶어요. 배추나 무 잎 찌꺼기 하나 버리고 않고 활용하는 지혜가 있었으니, 문수보살이나 낼 만한 발상이 아니겠어요? 태안사에서도 김장 때면 우거지나 시래기를 엮어 겨우내 찌개나 국을 끓여 먹었죠. 절에선 사실 그만한 보약이 없어요. 고기보다 맛있고 영양가 있는 음식이죠."

처마 밑 한 귀퉁이에 달린 우거지나 시래기 단을 바라보노라면 입맛을 잃을 새가 없다. 그 자태는 영광의 굴비 꾸러미도 부럽지 않으니, 맛도 맛이거니와 미관상으로도 더없는 즐거움을 선사한다. 바람과 햇볕과 세월의 기운을 담아낸 그 천연의 황금 빛깔을 천재 화가 고흐라도 흉내 낼 수 있었을까.

"은사 스님 법문 중에 '많이 먹으면 똥만 바가지로 나온단 말입니다' 라는 말씀이 있어요. 많이 먹는다고 해서 모두 몸의 영양분이 되는 게 아니라, 일정 양을 제외한 나머지는 쓰레기일 뿐이라는 거죠. 은사 스님은 모든 면에서 수행자의 모범을 보이셨는데, 일중일식日中一食과 장좌불와長坐不臥(밤에도 눕지 않고 앉아서 수행을 하는 것)를 실천하셨어요. 수행을 위해 몸에 필요한 최소한의 음식과 잠만 취하신 거죠. 잘 거 다 자고, 먹을 거 다 먹고는 제대로 수행할 수 없다는 것을 삶으로 보여주셨어요."

불가에서는 흔히 '삼독'을 말한다. 그것은 탐심貪心(탐하는 마음)과 진심嗔心(성내는 마음), 치심癡心(어리석은 마음)의 세 가지 독을 일컫는다. 음식이란 몸에 필요한 최소한을 섭취했을 땐 '약'이지만, 그 이상을 취하려 할 때는 탐심이 되고 만다. 그때부터는 공부가 마음이 아닌 음식에 가 있게 된다. 삼독으로 치면, 탐심이자 치심이 되는 것이다. 수행자에게 그러한 마음은 지극히 해로운 독이요 걸림이 됨은 당연하다.

하지만 처마 밑에 걸린 시래기 타래를 바라보노라면 어찌나 탐스러운지, 그 바라봄만으로도 탐심은 절로 일렁이니. 불가와 스승의 가르침을 익히 알건만, 때때로 처마 밑에서도 주체 못하는 마음이랴.

"공부는 어째 글러먹은 듯싶어요."

그러나 걱정할 일은 없다. 그러한 마음 역시 바라봄 속에서 언젠가는 '앎'과 '행'이 하나 되는 날도 있을 테니.

열일곱 번째 밥 이야기 | **법선 스님**

자연과 심신이
일여一如임을 깨우치다

시주의 은혜를 잊지 않기 위한 불가의 식사법 발우공양. 앉은 자리에서 설거지까지 마치는 발우공양에서 김치의 역할은 참으로 지대하다. 마지막의 김치 한 조각은 발우와 수저를 말끔히 설거지해야 비로소 입에 넣을 수 있으니. 자신의 소임을 착하게 마친 '살신성인'이 보태어진 그 맛은 응당 행복의 맛이 아닐런가.

"발우공양을 할 때 저는 김치를 특히 많이 담아요. 발우를 말끔하게 씻은 김치 조각을 입에 넣고 씹을 때 그 맛이 그렇게 행복할 수 없거든요. 아삭아삭 씹히는 소리를 듣노라면 음식을 하나도 버리지 않고 먹었다는 뿌듯함과 비로소 내가 스님이라는 느낌이 들죠. 발우를 씻을 때 필요한 김치는 한 조각이면 충분하지만, 전 그 행복을 만끽하기 위해 김치를 일부

食

"발우공양을 할 때 저는 김치를 특히 많이 담아요. 발우를 말끔하게 씻은 김치 조각을 입에 넣고 씹을 때 그 맛이 그렇게 행복할 수 없거든요. 아삭아삭 씹히는 소리를 듣노라면 음식을 하나도 버리지 않고 먹었다는 뿌듯함과 비로소 내가 스님이라는 느낌이 들죠."

러 많이 남겨놔요."

"발우공양용 수세미는 신김치가 제격"이라는 법선 스님. 광주 문빈정사의 주지인 법선 스님은 설거지용 김치를 무척이나 '사랑' 한다. 적당히 익어 새콤달콤하면서도 개운한 그 맛에는 입으로는 가늠할 수 없는 또 다른 맛의 비밀이 숨겨져 있기 때문이다.

김치로 말하자면, 선방 스님들이 용맹정진勇猛精進(안거 중 일주일 동안 잠을 자지 않으면서 정진함)할 때 잣죽과 함께 먹는 동치미와 물김치를 빼놓을 수 없다.

"용맹정진할 때는 저녁 9시에 자고 새벽 3시에 일어나는 것이 얼마나 행복한지를 절로 알게 돼요. 잠을 참아내는 것은 그만큼 힘든 일이죠. 하지만 그러한 고단함을 이겨낼 수 있게 도와주는 것이 잣죽과 동치미예요. 잣죽의 고소함과 부드러움은 마치 우유죽이나 연유죽 같죠. 그런데 잣죽만 먹으면 느끼할 수 있으니까 개운한 동치미나 물김치를 곁들여 먹는 거예요."

잣죽 한 그릇과 물김치 한 사발의 힘은 실로 대단하다. 일주일 동안 졸음과 싸워가며 용맹정진하는 스님들에겐 '뽀빠이의 시금치' 와도 다름없는 음식이다.

잣죽과 물김치가 선방 스님들의 잠을 경책하고 기운을 북돋아주는 음식이라면, 국수는 스님들의 덤덤해진 입맛에 활기를 주는 음식이다.

"절에서는 특식이나 간식으로 가끔 국수가 나와요. 여름철에는 주로 비빔국수나 메밀국수를 먹는데, 그런 날은 공양간 소임자가 '오늘 사시공양巳時供養(점심식사)은 국수 공양입니다' 라고 말을 해요. 그러면 점심 공양 한두 시간 전부터 여기저기서 꼴깍꼴깍 침 넘어가는 소리가 들리죠."

비빔국수나 메밀국수가 여름철 별미라면 겨울에는 만두가 그에 버금가는 별식이다. 법선 스님이 한때 생활했던 백양사는 눈이 많이 오기로 유명한데, 대중이 모여 눈 울력눈을 치우는 작업을 하는 날이면 만두를 빚어 먹곤 했다.

"만두를 빚을 때는 대중 사이에서 음식 투정이 난다거나 간식거리가 마땅치 않을 때라고 할 수 있어요. 말하자면 '분위기 전환용' 음식인 거죠. 절에서는 '대중이 동의하면 소도 잡아먹는다'는 말이 있어요. 그런데 하물며 만두를 못 빚어 먹겠냐며 스님들이 팔을 걷어붙이죠. 사실 그런 날은 만두를 핑계 삼아 정진을 잠깐 쉴 수 있으니 스님들이 신이 나는 거죠."

선방 스님들이 모여앉아 온갖 나물과 두부와 김치로 맛나게 만들어낸 속을 꾹꾹 눌러 담아 빚어낸 만두. 짓궂은 스님의 장난기가 발동이라도 하면 그 속에는 간혹 '폭탄'이 숨어 있기도 하니. 만두소 대신 소금이나 고춧가루가 한 움큼 들어간 만두가 바로 그것이다. 하지만 뿌린 대로 거두는 법. 그러한 폭탄은 대개 작품의 주인에게로 돌아간단다.

음식 가려 먹기와 가려 먹지 않기의 경계

불교에선 모든 것이 수행이라지만, 법선 스님한테는 행자 시절에 '밥 짓기'가 곧 수행이자 화두였다.

"수행에선 정신차림, 알아차림이 중요하죠. 밥을 지을 때도 마찬가지예요. 밥 짓는 순간순간 적합한 타이밍을 놓치지 않기 위해선 항상 정신을 놓지 말아야 해요. '선'과 스포츠 또는 '선'과 차가 일여—如라는 말이 있는데, 공양주 시절에 저는 밥 짓는 일이 선과 같다고 여겼죠. 그래서 밥을 지을 때마다 진지하게 불의 오르내림을 주시하면서 밥이 제대로 지어지는지 늘 조마조마했어요."

한시도 정신을 놓지 않는 긴장과 알아차림으로 밥을 지어 뚜껑을 열어젖히는 순간, 얼굴 가득히 뿜어져오는 뽀얀 김과 구수함이라니. 그것이 행여 '법열法悅'과 같지는 않을는지 생각해보곤 했다.

스님이 행자 생활을 한 해인사는 수백 명의 대중을 건사해야 하는지라 공양간의 서열도 대기업 수준이었다. 공양주만 하더라도 우선 공양주와 공양주 보조가 있고, 그 아래로 공양주 막보조가 있고, 그 아래로는 또 공양주 막막보조들이 있었다. 스님은 솥을 닦고 나무를 챙겨놓는 등 허드렛일을 돕는 공양주의 막막보조로 공양간에 입성했단다. 막막보조 시절에 공양주는 꿈에나 그릴 법한 자리였다.

"그때는 언제쯤 나도 공양주가 돼서 불을 당기고 누룽지에 대한 권한을 가져보나 생각했죠. 특히 누룽지를 분배하는 일은 공양주의 고유 권한이었는데, 그때는 특별한 주전부리가 없다보니 누룽지의 인기가 실로 대단했어요. 여러 스님들에게 과일 등의 로비가 들어오는가 하면, 노스님들까지 슬그머니 다가와서 아쉬운 소리를 했죠. 공양주한테 얻은 누룽지를 옷자락에 숨겨 당신의 거처까지 오물오물하며 가시던 노스님들의 모습이 지금도 기억나요."

스님이 공양주의 막막보조에서 막보조를 거쳐 보조로 등극하기까지는 6개월의 시간이 걸렸다. 그토록 그리던 공양주가 됐을 무렵, 불교계의 큰어른이신 성철 스님이 열반에 들었다. 절은 수많은 사람들로 인산인해를 이뤘고, 어마어마한 노동력을 동원하여 매일 여덟 가마니의 밥을 지어야 했다.

"가마솥 두 개로 여덟 가마니나 되는 밥을 지어야 했으니 종일 밥만 해댔

인스턴트 음식은 천지자연의 기운과 육체의 조화를 무너뜨릴뿐더러 마음에도 해악을 끼친다. 반면, 화학 조미료가 첨가되지 않은 자연 그대로의 음식은 자연의 섭리와 기운을 충전해준다.

죠. 그렇게 큰일을 치르고 나서 행자 시절 마지막 무렵에 장작불이 가스불로 바뀌었어요. 그리고 다시 전기밥솥으로 바뀌었죠. 몇 해 지나서 해인사에 가보니 가마솥이 뿌연 먼지를 뒤집어쓴 채 녹슬어 있더군요. 들기름을 묻혀가며 반질반질하게 윤을 내던 때가 엊그제 같은데……"

열아홉 살에 출가하여 해인사에서 행자 생활을 했다는 법선 스님. 막 출가해서는 절 음식이 마냥 맛있기만 했는데, 사나흘 지나고 나니 이렇게 무덤덤한 음식을 매일 먹어야 하나 걱정이 앞서더란다. 그래서 절 밖으로 나갈 기회가 있을 때마다 속가의 여러 음식들을 구해 먹곤 했다. 속가 음식에 대한 욕구가 한창 왕성했던 행자 시절엔 이런 일도 있었다. 낯선 환경에서 일은 고되고 마음은 버겁기만 하던 때라, 스무 명의 행자들이 협의하에 '과자'라는 해우소를 궁리해낸 것이다.

"고단함을 풀기 위해 차담 시간에 모여앉아 주전부리를 하는 거예요. 그때 행자들끼리 돈을 모아 십만 원어치의 과자를 마을에 시켰는데, 당시 십만 원어치 과자는 그 양이 어마어마해서 쌓아놓으면 정말 산더미 같았죠. 그걸 스무 명이 앉아서 아무 말도 없이 우적우적 먹기만 하는데, 속가에 있을 때도 과자라곤 생전 입에 대지도 않던 행자들까지 동참했었죠. 무슨 한이라도 맺힌 듯 과자를 씹어대면서 온갖 상념에 젖곤 했어요."

하지만 얼마 지나지 않아 인스턴트 식품의 부작용을 감수해야 했다. 몸에 알레르기가 생기더니 머리는 무거워지고 잡생각이 일어나면서 성격이 급하게 변하는 것이었다.

"알레르기 현상만 보더라도 내 몸과 자연이 조화를 이루지 못한다는 증거죠. 천지의 기운이 바뀌고 자연이 바뀔 때 내 육체도 그 기운에 맞게 바뀌어

가야 하는데, 잘못된 음식은 그 순리와 조화를 깨뜨리는 거예요. 그걸 실감하면서 인스턴트 식품이나 육류 등의 바깥 음식을 자연스레 자제하게 됐어요."

인스턴트 음식은 천지자연의 기운과 육체의 조화를 무너뜨릴 뿐만 아니라 마음에도 해악을 끼친다. 반면, 화학 조미료가 첨가되지 않은 자연 그대로의 음식은 자연의 섭리와 기운을 충전해 준다.

"《유마경維摩經》을 보면, 의사들을 훈련시킬 때 산에 가서 약초가 되지 않는 것들을 찾아오라는 대목이 있어요. 그만큼 산천초목의 풀 중에서 약초 아닌 것이 없다는 뜻이죠. 옛 스님들은 무슨 풀이든 약초가 된다는 걸 알고 계셨고, 노스님들은 별의별 풀이름들을 모두 꿰고 계셨죠. 그래서 예부터 스님들 셋이 산에 올라가면 산천초목이 벌벌 떤다는 얘기가 있어요. 그만큼 스님들 치고 야채 쌈을 좋아하지 않는 스님은 없을 거예요."

쌈을 좋아하기는 법선 스님도 마찬가지다. 공양 시간 30분 전쯤이면 뒤뜰에 나가 손이 닿는 대로 풀잎들을 뜯어오곤 한다. 그렇게 뜯어온 풀들을 물에 휘휘 저어서 묵은 된장에 싸 먹으면 그 맛이 산해진미요 성찬이 따로 없다. 민들레잎, 방아개비잎 외에도 절 뒤꼍에 들쑥날쑥 자라 있는 이름 모를 풀잎까지 절에서는 모든 것이 귀한 먹을거리다.

"백양사는 복이 많은 곳이라 철이 되면 절 뒤쪽으로 산더덕이 널려 있었죠. 제 은사 스님은 더덕무침을 좋아하시는데, 입맛이 없다고 하실 땐 더덕을 한 주먹 캐서 방에 가져와 껍질을 벗겨내고 쪽쪽 찢어요. 그러면 손에 찐득찐득한 더덕즙이 묻어나면서 온 방 안에 더덕 향이 진동을 하죠. 그렇게 손질한 더덕을 간장과 깨소금에 버무려 고수를 잘게 찢어 넣고 무쳐 상에 올리면 은사 스님은 금세 입맛을 찾곤 하셨어요."

사람의 무수한 욕망 중 가장 기본인 식욕. 그러한 식욕을 다스리게 되면 색욕이나 수면욕 등의 다른 욕구들도 자연스레 줄어들게 된다. 즉 식욕을 다스리는 것이 마음을 다스리는 첫 번째 기본인 것이다.

"음식을 조절하고 가려 먹는 것은 수행에 있어 굉장히 중요한 일이에요. 하지만 최소한의 식량조차 없어 기아에 허덕이는 사람들을 볼 때면, 내가 과연 이런 고래등 같은 집에 살면서 이토록 이로운 음식들을 편하게 취할 자격이 있는지 생각하게 돼요."

그래서 종종 부끄러움이 인다는 스님. 그러하기에 음식을 먹을 때는 '감사하게' '복 있게' '맛있게' 먹는 것이 당연한 예의가 아닐까 싶다. 그래서 법선 스님이 주장하는 공양 기본 철칙 1조 1항은 이러하다.

"음식 앞에서는 절대로 박복한 짓을 하지 말자", 그리고 "음식은 무조건 복 있고 맛있게 먹자."

열여덟 번째 밥 이야기 | 덕제 스님

밥상 위의 존재들과
인연에 대한 도리

만물은 윤회한다. 그리고 존재한다. 인간은 물론 작은 나무, 풀 한 포기도 존재하고자 하는 기운을 갖는다. 그것들은 한편 제각각의 자리에서 존재의 소임을 다하고자 한다. 작은 미물조차 우주와도 같은 존재의 가치를 지녔으니 물 한 모금, 밥알 하나도 소홀히 할 수 없는 이유는 바로 그 때문이다.

불법은 쉽다. 모든 만물의 존재가 이미 불법이기 때문이다. 작은 나무 한 그루만 찬찬히 보아도 알 수 있다. 싹을 틔우고 자라서 잎을 떨구고 다시 흙이 되고, 그렇게 돌고 돌아 나무는 존재의 윤회를 거듭한다. 그 이치가 어디 나무뿐이랴. 인간의 존재, 물의 존재, 풀 한 포기의 존재, 존재하는 모든 것들이 그러하다. 그러한 자연의 이치가 곧 불법인 것이다.

"밥알 하나만 해도 그래요. 고 작은 놈도 존재하기 위해 얼마나 많은 고통

밥 한 그릇을 먹는 일도 알고 보면 수많은 인연 하나하나를 먹는 일이다.
밥알 하나도 그러할진대 끊임없이 변화하며 존재하는 모든 것들은 어떠하겠는가.

을 겪는지 한번 따져볼까요? 우선 모판에 씨가 뿌려지고 싹을 틔우고 자라 모종이 되면, 모내기를 할 때 어떤가요. 함께 자란 형제들과 뿔뿔이 흩어지겠죠. 분리의 고통을 겪고 물이 흥건한 땅속에 푹푹 박힌단 말이에요. 그런 후엔 독한 농약과 병충해를 견뎌내야 하고, 때론 가뭄이나 물난리도 겪죠. 그렇게 햇빛 아래에서 어느 정도 영글어 고개를 내미나 싶으면 새들이 와서 쪼아 먹기도 하죠. 그것까지 잘 모면하고 살아남아서 이젠 좀 편해지나 싶으면 밑동이 싹뚝싹뚝 잘려진단 말예요. 어디 밑동뿐인가요, 목도 댕강 잘려져 뜨거운 태양 아래에서 말려지고 껍질이 벗겨져 그렇게 쌀이 되잖아요."

그러나 쌀에서 밥이 되기 위해서는 또 다른 고비를 넘겨야 한다. 물속에 들어가 온몸이 부서지도록 빡빡 씻기면 이젠 뜨거운 가마솥행이다. 그 많은 고난의 과정을 겪고 '밥'이라는 존재가 되어 밥상에 올려진다 해서 시련이 끝나는 것은 아니다. 수저에 실려 인간의 입으로 들어가는 과정에서 자칫 밥상 옆이나 바닥에 톡 떨어진다고 치자. 그 한 알의 귀함을 아는 인간이라면 모를까, 대부분은 더럽게 여겨 버리기 일쑤일 것이다. 그렇다면 그 밥풀떼기는 얼마나 억울하겠는가.

"그래도 그놈은 덜 억울한 놈이라, 그보다 더 억울한 놈은 어떤 줄 아세요? 입까지 무사히 들어갔는데, 이 칠칠치 못한 인간이 밥을 먹으면서 말하는 바람에 입 밖으로 툭 튀어나가게 된단 말이죠. 얼마나 분하겠어요. 그 많은 고통과 귀한 죽음이 헛되이 사라지니 그야말로 억장이 무너지겠죠. 뷔페 문화는 불교의 발우공양이 시초라고 할 수 있는데, 한마디로 음식을 버리지 말라는 거예요. 존재들의 희생을 헛되이 하지 말라는 거죠."

그러니 밥 한 그릇을 먹는 일도 알고 보면 수많은 인연 하나하나를 먹는 일이다. 밥알 하나도 그러할진대 끊임없이 변화하며 존재하는 모든 것들은 어떠하겠는가. 그 존재 자체로도 사실 기적이고 진리고 법이다. 그러니 밥을 먹을 때는 한 알 한 알, 물을 마실 때는 한 모금 한 모금을 흘리지 않고 조심히 먹을 줄 알아야 한다. 그것이 존재들에 대한 예우요 모진 시련을 겪고 내게 온 수많은 인연들에 대한 보답일 것이다. 각자의 존재들이 충실히 그 소임을 이행하고 윤회할 수 있도록 돕는 것. 그것이 사람의 기본 도리요 수행의 기초다.

모든 음식의 근본은 땅이다. 대지와 햇빛과 바람에서 오는 것이니, 음식을 먹는다는 것은 곧 땅과 햇빛과 바람의 기운을 먹는 것이다. 채식을 즐기는 사람은 식물을 통해, 육식을 즐기는 사람은 동물을 통해 그 기운을 섭취하는 것이다.

구례 화엄사, 구층암의 주지인 덕제 스님은 음식이라면 '다' 좋단다. 채식이든 육식이든 내게 오는 인연들을 가급적 마다하지 않는 것이다.

"먹어야 될 상황이라면 때론 육식도 마다하지 않아요. 육식은 활동성의 기운을 얻는 데 도움이 되죠. 그렇다고 해서 꼭 육식을 해야 할 필요는 없어요. 덩치 큰 코끼리나 소를 보세요. 그들이 육식을 하던가요? 풀만 먹고도 힘이 천하장사잖아요."

결국 '습習'의 문제다. 대부분의 인간은 채식만으로 기운을 섭취하는 데 단련되지 못한 것뿐이다. 그래서 육식을 하던 사람이 한동안 고기를 먹지 않으면 병이 생기기도 한다. 때론 육식이 약으로서 절실히 필요한 상황도 있다. 스님은 채식과 육식은 자연의 기운을 어떻게 섭취하느냐의 방법론이라고 생각한다.

念

불교의 가르침은 '앎'이다. 불가의 공부는 보여주는 게 아니라 단지 '알고 마는 것'이다. 그것은 내 자신을 죽이는 것으로 시작된다. 그 시작으로 만물은 서로 긴밀히 연결된 하나의 존재임을 알게 한다. 그러한 이치만으로도 음식이 수행에 영향을 주는 건 당연한 일이다.

"한국 불교에서는 육식을 금하지만, 티베트나 태국 등의 불교 국가에서는 스님들도 육식을 해요. 부처님도 고기를 드셨다지요. 부처님이 마지막에 드신 음식이 뭐였는지 아세요? 돼지고기와 버섯이었어요. 부처님은 그 음식을 먹고 돌아가셨는데, 고기와 버섯이 상해 있었던 거예요. 그 사실을 알면서도 기꺼이 드셨죠. 그걸 먹고 떠나야 될 길임을 아신 거예요. 그래서 이 음식은 나만이 먹을 수 있으니, 다른 사람들은 먹지 말라고 당부하고 혼자만 드셨대요."

그 시대에는 불가에서도 고기를 먹었다고 한다. 단 자신이 직접 잡은 고기나 남이 자기를 위해 잡은 고기, 내가 남을 시켜 잡은 고기 등은 먹을 수 없었다. 죽은 지 사흘이 지나지 않은 고기도 먹어서는 안 되었다. 이러한 몇 가지의 경우들을 제외하면 육식도 허용됐다. 하지만 육식은 내 몸을 타의의 활동성으로 움직이게 하는 부작용이 있다. 육식은 동물이 갖고 있는 활동의 기운을 섭취하는 것인지라, 몸에 들어오면 우리가 그 영향을 고스란히 받게 된다. 나는 가만히 있고자 하는데, 육의 움직이는 업장이 내 마음을 자꾸 움직이게 만드는 것이다. 또한 육식은 죽음에 대한 원망의 기운을 섭취하는 것이기도 하다. 사람이든 동물이든 화가 잠깐만 일어도 몸에 기운이 들어가면서 성질이 나지 않던가. 하물며 타인에 의해 죽임을 당할 때 그 분노와 원망의 기운은 어찌 되겠는가. 결국 살덩어리에 고스란히 밴 그 기운들까지 섭취하게 되는 것이다.

"마음을 고요히 하는 참선에 그러한 기운이 이로울 리는 없겠죠. 한동안 육식을 금하다 어느 날 한번 먹어보세요. 그 느낌을 확연히 알 수 있어요. 그래서 스님들은 가급적 육식을 자제하려는 것이고, 외부에서도 스님들은 육식을 하지 않는 것으로 인식된 것 같아요."

부처가 상한 음식을 먹은 까닭은?

"살생을 하지 말라"는 것은 불가의 대표적인 계율 중 하나다. 스님들은 육식을 하지 않는다거나 육식을 해서는 안 된다는 인식은 그러한 계율에서 기인한 바가 클 것이다. 하지만 살생이라 함은 비단 동물이나 벌레에만 국한된 것은 아니다. 엄밀히 따지면 식물을 채취하여 음식을 만들어 먹는 일도 이른바 '살생'인 것이다.

"병원에서 주사를 자주 맞아본 사람이라면 힘줄도 주사 바늘을 피해 숨는다는 걸 알 거예요. 모든 것은 근본적으로 존재하려는 기운을 지니죠. 하물며 생명체인 식물이 그러한 근본 기운이 없겠어요? 식물이든 동물이든 죽는 것은 똑같은 것이고, 죽음의 고통도 같은 것이죠. 그러니 인간은 살생하지 않고는 살 수가 없어요. 가급적 그 업을 덜 짓고 살아갈 수밖에 없는 거예요."

어찌 보면 '살생'은 존재하고자 하는 모든 것들의 숙명일 수밖에 없다. 다른 존재의 희생을 통해야만 내가 존재할 수 있기 때문이다. 그러한 '존재를 위한 살생'은 피할 수 없는 길인지라 그 업이 덜할 것이다. 하지만 이러한 종류의 살생이라면 어떨까.

"대학생 예닐곱 명이 절 근처로 MT를 온 적이 있어요. 그 학생들이 절 일을 도와줘서 제 방에서 차를 대접하는데 한 여학생이 손이 퉁퉁 부은 거예요. 왜 그러냐고 물었더니 모기한테 물렸대요. 그래서 그 모기를 그냥 놔

됐냐고 했더니, 어느 남학생이 그럼 잡아도 되냐고 물어요. 그래도 된다고 했더니 손바닥으로 모기를 사정없이 내려쳐서 죽여요. 그래서 잡고 나서 느낌이 어떠냐고 물으니까, '좋죠' 라고 하는 거예요. 쾌감을 느꼈냐니까 그렇다고 하더군요. 그런 경우라면 어떨까요. 생명을 잡아 죽이는데 마음이 아프기보다 희열을 느꼈다면 그건 제대로 살생을 한 거겠죠."

살생이지만 살생 아닌 마음을 낼 수도 있는 것이다. 어쩔 수 없는 상황에서 다른 생명을 죽여야 한다면, 최소한 상대에게 원망 어린 마음을 덜 심어줘야 할 것이다.

"저라면 모기를 죽여야 할 때 차라리 이런 마음을 갖겠어요. '미안하지만, 이젠 내 손에 살포시 가서 다음 생에 더 좋은 몸을 받아라' 하는 거죠. 사실 모기도 존재를 위해 남의 피를 취하려는 것이니 반드시 죽일 필요도 없겠지만요. 어쨌든 살생에 앞서 전투적인 모드보단 애도의 모드가 좀더 업을 덜 짓는 일 아니겠어요? 모기 같은 미물이 설마 그런 마음을 알까 싶겠지만 마음의 기운은 그대로 전달되니까요. 죽음의 그 짧은 찰나에도 말이죠."

불교의 가르침은 '앎' 이다. 불가의 공부는 보여주는 게 아니라 단지 '알고 마는 것' 이다. 그것은 내 자신을 죽이는 것으로 시작된다. 그 시작으로 만물은 서로 긴밀히 연결된 하나의 존재임을 알게 한다. 그러한 이치만으로도 음식이 수행에 영향을 주는 건 당연한 일이다.

"그래서 참선을 하다보면 자연스레 음식을 가리게 돼요. 육식은 무엇보다 활동적 기운 때문에 가리게 되지만, 인스턴트 식품이나 밀가루는 방부제 때문에 더욱 금하게 되죠. 방부제는 몸속에서 정체의 역할을 하니까요. 음식이 체내에 들어가 영양분이 되는 게 아니라 그대로 축적되거나 배설이 돼도 제대로 썩지를 않죠."

그런 음식을 항시 즐기던 사람들은 그 부작용을 느끼지 못한다. 하지만 그것이 얼마나 해로운지 경험할 수 있는 쉬운 방법이 있다. 한동안 끊었다가 먹어보는 것이다. 3개월만 화학 조미료나 파, 마늘, 젓갈, 육류, 밀가루, 인스턴트 등의 음식을 제외한 자연식 위주의 식사를 해보는 것이다. 그 후에 다시 그러한 음식들을 먹어보면 당장에 알아차릴 것이다. 몸은 쳐지고, 더부룩하면서 졸리고, 정신이 산란해지는 등의 느낌을 받게 될 것이다.

"하지만 공양 음식을 두고 좋다 나쁘다는 분별심을 낼 수는 없어요. 선방 생활을 하면 많은 음식들이 절에 보시되는데, 빵 공양도 자주 들어오는 편이죠. 그런 경우엔 밀가루 음식을 삼가더라도 조금이나마 먹습니다. 정성으로 올린 음식인데, 그게 독인들 마다할 수 있나요."

부처는 공양 음식을 소홀히 하지 말라고 일렀다. 비록 독이 되는 음식이지만 수많은 인연과 모진 시련을 거쳐 내게 온 존재들이기 때문이다. 그래서 부처는 상한 음식도 기꺼이 받아들이지 않았던가. 그것을 취하여 죽음에 이를지언정, 그렇게 몸소 보여주지 않았나.

열아홉 번째 밥 이야기 | 주경 스님

마음과 마음을
'쫄깃' 하게 이어주다

국수는 신통한 음식이다. 기쁘면 기쁜 대로, 궂으면 궂은 대로 달랑 그 한 그릇만으로도 이러쿵저러쿵 말 많은 대중의 불만을 잠잠하게 평정한다. 뜨끈한 국물이나 매콤한 양념에 어우러진 면발은 쫄깃한 그 모양대로 서로의 마음을 이어주니, 화합의 음식이 아닐런가.

국수는 이벤트다. 경사스러운 날이나 궂은 날이나, 비빔국수든 칼국수든 그 한 그릇만으로도 사람들의 마음엔 묘한 설렘이 인다. 국수를 삶는 날이면 평소 음식에 이런저런 불평이 있던 대중조차 잠잠해진다. 딱히 그 이유를 알 수는 없지만 신통한 음식임은 분명하다.

"해인사에 있을 때도 국수가 나오면 면발이 식을 대로 식어 불어터져 있어도 스님들 열에 아홉은 국수를 택했죠. 따끈한 밥이 별도로 준비되어 있

165

는데도 말이에요. 은사 스님께서도 국수를 좋아하셨는데, 몸이 편찮으시거나 입맛이 없으시면 죽 대신 국수를 끓여드리곤 했어요."

그만큼 국수는 대중 대다수의 지지와 사랑을 받는 음식이다. 그다지 좋지 않은 솜씨에도 웬만해선 대충 먹을 만하니, 만드는 사람의 솜씨를 민감하게 타는 것도 아닌지라 이래저래 더할 나위 없이 좋은 음식이다.

서산 부석사의 주지인 주경 스님은 절집 최고의 음식으로 단연 국수를 꼽는다. 면을 삶는 요령에서부터 한 그릇 분량에 적합한 국수의 양과 양념장의 양, 심지어는 듣도 보도 못한 '양념장과 날씨의 상관 관계'까지 척척 읊으니 국수 전문가가 따로 없다.

"국수 중에서도 비빔국수는 아주 쉽고 간단하게 만들 수 있어요. 고추장하고 묵은 김치만 있으면 되고, 재료에 좀더 신경을 쓴다면 오이 정도만 있으면 되죠. 양념장은 국수 한 그릇당 밥숟가락으로 한 숟가락에서 한 숟가락 반 정도면 적당해요. 설탕은 찻숟가락으로 반 정도면 충분하고요. 식초는 취향에 따라 다르지만 신맛이 확실하게 느껴지되, 너무 시다는 느낌이 들지 않을 정도가 가장 좋죠."

스님은 "음식의 양은 맛 이상으로 중요하다"고 덧붙인다. 아무리 맛있는 음식도 그 양이 너무 과하거나 부족하면 최고의 식사가 될 수 없기 때문이다. 따라서 음식을 하는 사람은 정성껏 만드는 것도 중요하지만, 적절한 양에 대한 배려까지 할 줄 알아야 한다. 국수를 삶을 때도 마찬가지다.

"국수의 양이 과하면 먹기도 전에 부담을 갖게 돼요. 부족하면 '더 먹을 수 있을까?' 혹은 '더 먹어도 될까?' 싶은 생각이 들어 먹으면서도 내심 불안하죠. 그래서 면을 1인분씩 준비할 때는 적당한 양을 잘 계산해야 하는

데, 그날의 날씨와 대중의 분위기도 살펴볼 필요가 있어요."

국수와 날씨의 상관 관계에 대한 스님의 이론인즉슨 이러하다. 우선 청명한 날에는 음식이 더욱 맛나기에 편하게 먹을 수 있다. 하지만 눅눅하거나 더운 날씨엔 입맛이 떨어져 먹는 양 또한 적어지니, 그런 날은 평소보다 국수 양을 적게 하는 것이 요령이다. 또 하나의 방법은 면을 작은 덩어리와 큰 덩어리 두 종류로 만들어 각자의 기분과 뱃속 사정에 맞게 선택해서 먹을 수 있도록 하는 것이다.

한편 날씨는 국수의 양뿐 아니라 양념장에도 중요한 변수로 작용한다.

"날씨가 맑을 땐 양념장에 식초를 많이 넣더라도 새콤한 맛이 더욱 살아 그런대로 맛있게 먹을 수 있어요. 하지만 흐린 날에는 식초를 조금 적게 넣는 것이 좋아요. 날씨가 꿉꿉할 때 식초를 많이 넣으면 시큼하고 끈적끈적한 맛이 강해서 국수 맛을 버리거든요. 국수만이 아니라 여느 음식도 마찬가지예요. 날씨나 대중의 분위기를 한 번쯤 살펴보고 생각해본 후에 간을 하면 더욱 지혜롭게 음식을 만들고 살림을 꾸려갈 수 있어요."

이러한 이론은 비단 국수에만 국한되는 것이 아니다. 먹을 사람을 생각하는 세심한 배려와 정성이 깃들어지면 어떤 음식이든 맛날 수밖에 없다. 그러기에 단출한 국수 한 그릇도 절에서는 최고의 음식이 되고도 남는다.

소나무껍질로 '마음의 밥'을 짓다

주경 스님의 남다른 음식 노하우는 국수뿐 아니라 밥을 짓는 데서도 드러난다.

"밥을 지을 때 제일 좋은 나무는 솔가지예요. 화력 조절이 쉬워 15분에서 20분 정도 불을 때면 밥이 쉽게 지어지거든요. 하지만 소나무 껍질은 밥을 짓기에는 최악의 재료죠. 불이 잘 붙지도 않거니와 불이 은근히 타올라 조절이 쉽지 않아요. 한번은 40분 동안이나 불을 지펴 밥을 지은 적도 있었죠."

주경 스님의 공양주 시절에는 밥을 할 때 일일이 불을 때어 지었단다. 군불을 넣었다 뺐다 하면서 화력 조절을 해야 했으니 밥솥으로 치면 '손'이 곧 수동식 셀프타이머였다. 시절이 시절이었던지라 웃지 못할 사연도 많았다. 그중 잊히지 않는 사연 하나를 들어보자.

공양주로 '진급' 할 무렵, 스님은 이전 공양주로부터 일주일 동안 밥 짓는 요령에서부터 공양간 살림의 이모저모를 물려받았다. 그런데 문제는 예기치 않은 곳에서 터졌다.

"공양주에게 솔가지로 불을 때서 밥 짓는 법을 배웠는데 쉬웠어요. 그런데 일주일 정도 지나서 노스님이 소나무 껍질을 잔뜩 모아 공양간에 갖다놓으신 거예요. 당시 절에 불사佛事(절 건물을 짓는 일)가 한창이라 벗겨놓은 소나무 껍질이 많았는데, 버리는 게 아까워 틈틈이 주워 쌓아놓으셨던 거죠. 불이 잘 붙지도 않고 화력 조절도 힘들어 한동안 애를 먹었어요."

몸이 두 개라도 모자랄 공양간 살림에 밥 하나 짓는 데에도 적잖은 시간과 공을 쏟아야 하니 원망스러운 마음이 절로 들었다. 한동안 진땀을 빼긴 했지만, 어느 순간 마음을 달리 먹으니 그리 고생스러운 일만은 아니었다.

"노스님이 공부시키느라 어려운 일을 만들었다고 생각하니 편하게 받아들여지더라고요. 다른 일도 마찬가지 아니겠어요? 어렵고 힘든 상황에 부

慮

먹을 사람을 생각하는 세심한 배려와 정성이 깃들어지면 어떤 음식이든 맛날 수밖에 없다. 그러기에 단출한 국수 한 그릇도 절에서는 최고의 음식이 되고도 남는다.

딪히더라도 공부하라고 생긴 일인가 보다 여기면 마음도 편해지고 오히려 그런 상황조차 감사히 받아들일 수 있어요. 그러지 않으면 공연히 남 탓, 주변 탓만 하면서 원망하고 미워하는 마음만 쌓이는 법이죠."

노스님의 소나무 껍질은 밥을 짓는 데는 최악의 재료였을지 모르나, '마음의 밥'을 짓는 데는 최상의 재료였던 것이다.

가마솥에 밥을 지어야 했던 그 시절에는 끼니 때면 절로 생기는 것이 누룽지였다. 그러한 누룽지를 저축하듯 모아두면 요모조모 쓸모가 많았다. 물을 붓고 폭폭 끓이면 이른 아침 공양으로 맞춤하고, 고추장을 담글 때 갈아 넣어도 요긴하다. 울력이 있는 날은 기름에 튀겨 설탕을 뿌려 내놓으면 인기 만점의 주전부리가 되기도 한다. "광에서 인심난다"는 말이 있듯, 공양간에서는 누룽지로 인심이 나던 적도 있었다. 한때, 이를 가는 사람이 절집 누룽지를 먹으면 이를 갈지 않는다는 속설이 있어 누룽지를 얻기 위해 절에 찾아오는 신도들도 심심찮게 있었다. 하지만 예전에는 밥 먹는 공양주를 '복 있는 공양주'라 하고, 누룽지만 먹는 공양주는 '박복한 공양주'라는 우스갯소리도 있었다.

"밥을 하고 누룽지를 긁어내면, 솥에 누룽지 찌꺼기가 달라붙어 있거든요. 거기에 물을 붓고 끓이면 한 사람 몫은 거뜬히 나오죠. 요즘엔 시절이 바뀌어 서로 먹으려 들지만, 그땐 밥이 귀해서 누룽지는 외면당하기 일쑤였죠. 그러니 늘 공양주 차지가 될 수밖에 없었어요. 하지만 사람들한테 인심을 얻은 공양주는 눌은밥을 서로 한 숟가락씩 먹어주니 밥을 먹을 수 있었죠. 그래서 생긴 말이에요."

누룽지도 찬란한 전성기와 핍박의 쇠퇴기가 있었으니 그 역사의 굴곡도 만만치는 않은 듯하다. 요즘에야 절에서조차 가마솥을 구경하기 힘들어졌으니, 가마솥 누룽지의 프리미엄이란 천정부지라 하겠다.

"대신 절에서는 찬밥을 처리하기 곤란할 때마다 누룽지를 만들어두곤 해요. 널따란 팬에 주걱에 물을 묻혀가며 찬밥을 얇게 펴준 다음, 노릇노릇해질 때까지 은근한 불에 한참 올려두면 되죠."

낡을 대로 낡아 만만해진 팬은 누룽지 전용 팬으로 안성맞춤. 그 옛날 가마솥 누룽지가 '자연산'이라면, 누룽지 전담용 팬에 달궈진 누룽지는 '양식'이라 할 수 있다. 자연산과 양식의 중간형도 있다. 압력솥이나 냄비, 뚝배기 등에 밥을 짓는 것이다. 밥이 다 된 후에 불 위에 약간만 더 올려두면 밥이 눌어 붙으면서 자연스레 누룽지가 만들어진다. 여기에 물을 붓고 끓이면 바로 누룽지죽이나 숭늉이 된다. 가마솥 출신의 자연산과는 맛의 차이를 따질 일이 아니지만, 누룽지의 구수함을 그런대로 즐길 만한 방법들이다.

웰빙 붐이 지속되면서 사찰 음식이 건강식으로 주목받고 있다. 하지만 사찰 음식이 따로 있는 건 아니다. 텃밭에서 거둔 풋고추를 된장에 찍어 먹는 것이나 상추, 쑥갓, 푸성귀 등의 야채를 한 쌈 푸짐하게 싸먹는 것도 사찰 음식이다. 정성들여 지은 밥이나 누룽지나 단출한 국수 한 그릇 역시 사찰 음식에 다름 아니다. 일상적인 절집 밥상이 그러하거늘 새삼 특별할 것은 없다. 다만, 속가 음식과 달리 양념으로 오신채를 쓰지 않는다는 것과 유서 깊은 절에서 전해오는 음식들이 특별하다면 특별할 것이다. 하지만 점점 그 절만의 고유 음식이 사라지는 것 같아 안타까울 때가 많다.

"고찰에는 그 절만의 고유 음식이 적어도 한두 가지 정도는 있게 마련이죠. 나름대로의 비법도 있을 거고요. 하지만 대부분은 그런 음식이 있었는지조차도 모르는 경우가 많아요. 설령 있다 해도 주지 스님이 바뀌기도 하고, 공양주들이 수시로 바뀌다보면 유지되기가 힘들죠."

무엇보다 가장 큰 문제는 관심의 부족이다. 사찰 음식에는 우리 문화의 전통과 역사가 담겨 있는 만큼 그 맥을 찾아 정리하고 이어가는 것이 중요하다.

"우리 절에는 김치를 담글 때면 절에 와서 직접 담가주는 분이 있어요. 절 근처 마을에 살고 계시는 노보살님이죠. 한 절을 오래 다닌 신도들은 예전부터 그 절에서 주로 해먹던 음식이 무엇인지, 혹은 그 방법까지도 알고 계세요. 절마다 사정은 다르겠지만 마땅히 이렇다 할 음식이 없는 절이라면, 지역적 특징이나 특산물과 연관된 새로운 사찰 음식을 개발하는 것도 좋을 거예요."

과거의 것과 새로운 것의 조리법을 자료화하여 꾸준히 행한다면 절 식구가 바뀌더라도 그 비법들이 사장되지 않고 전승될 것이다. 그렇다면 내친 김에, 주경 스님에게 사찰 음식의 비법 하나를 전승받아보자.

"다른 양념은 일절 넣지 말고, 된장과 고추장을 2대 1로 섞으세요. 그런 후에 된장 콩이 으깨지도록 박박 비벼주세요."

그리하면 텁텁하면서 구수한 된장맛과 달콤하면서 농익은 고추장의 맛이 절묘하게 어우러진, 일명 '부석사표 쌈장'이 완성된단다. 좀 서운하기는 하나, '비법'이란 것이 굳이 별나거나 복잡해야 할 이유는 없을 터. 절집에서는 '단순한 삶'의 지혜가 쌈장 하나에도 녹아 있는 듯하다.

스무 번째 밥 이야기 | **효진 스님**

신통방통한 보시행 스승,
토종 허브

매발톱, 쑥부쟁이, 금낭화, 초롱꽃, 차조기…… 그 이름 하나하나를 떠올리면 어느새 그 생김생김이 절로 그려지는 야생화. 거친 산과 들, 바위 틈에 저 알아서 뿌리 내리고 꽃을 피우는 강인함이 얼마나 신통한지. 그윽한 차와 입맛 돋우는 나물 찬도 되어주니, 말없는 행行을 보여주는 '보시행 스승'이 따로 없다.

"좋은 데 딱히 이유가 있나요. '그냥' 좋은 거죠. 꽃 피운 모습을 보고 있으면 '참, 좋다' 그뿐인 거죠."

광주 광덕사의 주지인 효진 스님에게 야생화는 '임'이다. 이름 하나하나만 떠올려도 그 생김과 태생, 향기가 절로 그려지니 그만한 임이 또 있으랴. 우리나라 산천에 피어나는 야생화와 야생초의 종류만도 수백 가지는 족히

173

된다 하니, 그러한 수백의 임 사랑에 행복한 스님은 복이 넘치고도 남는 팔자다.

십여 년 전이던가, 그 많은 임들과 인연을 맺은 것이. 서울 상계동, 불암산 자락의 절에 있을 때였다. 절 주변에 노는 땅들이 많아 채소나 키워볼까 하는 생각으로 농사를 시작하게 되었다. 하루하루 농사에 재미가 붙자 법당 주변이 온통 채소밭으로 바뀌어갔다.

"그래서 꽃을 함께 심어보면 어떨까 생각했죠. 그러면 무슨 꽃을 심어야 하나 고민하다, 이왕이면 우리 꽃을 심어보기로 했어요. 출가 전에 풍물패 활동을 해서 그런지 제가 좀 국수적이거든요. 왜 있잖아요, 우리 것을 지켜야 된다는 사명감 같은 거……"

스님이 처음 키운 꽃은 나리와 금낭화였다. 야생화는 말 그대로 '야생'인지라, 초보자라도 재배에 실패할 일이 적다. 땅에 씨를 뿌려 그냥 두기만 해도 저 알아서 싹을 틔우고 꽃을 피운다. 그렇게 신통방통한 놈들이 야생화다. 그래서 스님은 안타까울 때가 많단다. 시청이나 구청에서 거리 미화를 할 때 대부분 외래종 꽃을 심기 때문이다.

"가장 쉽게 키울 수 있는 꽃이 금낭화예요. 제가 가장 많이 분양한 꽃이기도 한데 번식력이 좋아요. 가을에 씨를 받아 봄에 뿌려만 둬도 발아율이 90퍼센트 이상이거든요. 그야말로 우후죽순으로 나와 조금만 자라면 금세 꽃을 피우고 또 오래 가죠."

하지만 키우기가 여간 만만찮은 놈들도 있다. 해오라기와 같은 난 종류가 그러한데, 조건을 꽤나 신경써서 맞춰줘야 한다. 스님도 초보 시절엔 실패한 적이 여러 번 있었다. 한번은 매발톱을 키울 때였는데, 닭과 돼지 분뇨를 섞은 '개분'이라는 비료를 주는 바람에 멀쩡히 자라던 매발톱을 하룻밤 사이에 전멸시킨 적이 있었다. 개분에 기생하는 벌레들이 매발톱을 갉아먹어버린 것이다. 잘 키워보겠다는 일념만 앞서 척박한 곳에서 자라야 하는 야생화의 성품을 잊어버린 결과였다.

"야생화를 기를 때 가장 중요한 게 햇빛 조절이에요. 양지, 반 양지, 음지에 따라 종이 다르거든요. 종에 따라 습한 것과 건조한 것도 가려줘야 해요. 또 척박한 곳을 좋아하는 종이 있는가 하면 영양분이 많아야 잘 자라는 놈들도 있어요. 척박한 데서 자라는 놈에게 거름을 줘보세요. 가령 절집 기와에서 주로 자라는 바위솔에게 비료를 주면 그건 비료가 아니라 사약인 거죠."

사실 모든 농사에서 가장 중요한 거름은 '마음'이다. 아무리 야생이라도 사람 손에 길러지면 일단은 이 '마음 비료'가 필요하다. 마음 비료의 주성분은 다름 아닌 '배려'다. 그 외엔 별다른 비료가 필요치 않다. 성품에 거스르지만 않으면 야생화는 금세 화답이라도 하듯 탐스러운 꽃을 피워낸다. 워낙에 자립심 강한 것이 그놈의 천성일지니, 사람으로 치면 '굳세어라 금순아'의 금순이를 버금가고도 남을 것이다. 그러니 종자의 특성만 염두에 두면 야생화만큼 만만한 농사도 없다.

야생화와 야생초는 눈을 즐겁게 하는 보시행만 하는 것이 아니다. 식생활에서는 물론이고 생활 전반에 두루두루 활용된다. 우선 차와 약초로 가장 많이 쓰이는데, 이를 잘 활용하면 심신에 활력을 주고 병을 다스릴 수 있다.

"국화나 쑥, 뽕잎은 일반적으로 많이 마시는 약용 차예요. 스님들은 '감국'이라는 들국화 종의 노란 야생화와 매화, 연잎 등을 차로 즐겨 마시곤 하죠. 특히 감국과 매화는 봄에 말려 차로 마시면 그윽한 향이 그렇게 좋을 수 없어요."

　천리향이나 감국처럼 꽃향기가 좋은 것은 포푸리로 활용해도 좋다. 포푸리 만들기가 다소 성가시다면, 꽃을 벽에 걸어만 두어도 그 자체로 훌륭한 천연 방향제가 된다. 야생 화초는 나물이나 국, 전, 쌈으로 밥상에 오르기도 하는데, 금낭화나 원추리, 벌개미취, 곰취, 털머위, 민들레, 고사리 등은 나물로 무쳐 먹으면 입맛 돋우는 별미가 된다. 하지만 천남성이나 금낭화처럼 독성이 있는 것들은 식용이 곤란하다. 특히 천남성은 사약의 재료로 사용되기도 했다. 하지만 어떤 종은 독성이 있다 해도 새순이 올라올 때 채취해서 물에 며칠 담가두면 먹을 수 있다.

차와 음식으로 쓸모 많은 토종 허브

　야생화와 야생초 음식의 적기는 봄이다. 주로 새순이 올라오고 꽃이 피어나기 전에 캐야 한다. 꽃이 필 무렵에는 잎이 억세고 독성이 강해 차나 음식으로 활용하기에 적합하지 않다. 하지만 나물처럼 말려 저장해두면 다른 계절에도 먹을 수 있다.

　"한때 외국산 허브가 한창 유행한 적이 있었죠. 일반적으로 로즈마리니 바질이니 하는 외국산 풀만 허브인 줄 아는데, 우리나라에서 자생하는 대부분의 야생화와 야생초도 허브예요. 허브란 향이 좋고 약용과 식용으로 쓰는 건강에 좋은 풀을 뜻하거든요. '신토불이'라는 말도 있듯이 우리 땅에서 피어나는 야생풀만한 허브도 없어요."

　그러한 토종 허브의 대표 주자가 바로 쑥일 것이다. 쑥은 특유의 향이 좋

草

"일반적으로 로즈마리니 바질이니 하는 외국산 풀만 허브인 줄 아는데, 우리나라에서 자생하는 대부분의 야생화와 야생초도 허브예요. '신토불이'라는 말도 있듯이 우리 땅에서 피어나는 야생풀만한 허브도 없어요."

아 차는 물론이고, 나물이나 국, 떡 등 일상의 음식에 다양하게 쓰인다. 또한 조상 대대로 한방의 으뜸 재료였을 만큼 뜸 들 때나 약재로도 애용되고 있다.

쑥 외에 여러 음식에 두루 활용되는 대표적인 야생화로 민들레도 빼놓을 수 없다. 민들레 또한 약용 차는 물론이고 나물로 무쳐 먹거나 겉절이로 먹어도 좋다.

"민들레는 꽃이 피기 전에 캐서 뿌리째 사용하는데, 어떤 채식 뷔페집에선 잎사귀만 따서 쌈 채소로 쓰기도 하더군요. 다른 야채와 함께 싸먹으니 씁쓸한 맛이 쌈맛을 더욱 돋워주었죠. 야생화나 야생초를 퓨전 문화에 맞춰 샐러드로 만들어 먹어도 좋을 거예요."

야생화로 만든 음식으로 가장 먼저 떠오르는 것은 화전이다. 화전은 입으로 맛을 느끼기 전에 눈이 먼저 배부른 음식이다. 정월의 보름달마냥 하얗게 떠오른 찹쌀 반죽 위로 화사하게 피어난 꽃잎 꽃잎은 달빛 아래 꽃보다 탐스럽다. 조청이나 꿀에 살짝 찍어 먹으면 달콤한 꽃향기가 입 안 가득 피어나니, 화전은 이래저래 꽃이 되는 음식이다. 식용 가능한 야생화는 무엇이든 화전의 재료가 되고 조리법 또한 간단하다. 우선 찹쌀가루에 소금과 설탕을 넣고 익반죽하여 동글납작한 달덩이를 빚는다. 그 달덩이를 기름에 동동 띄워 꽃잎 하나를 올리고 앞뒤로 살짝 지져내면 된다. '화장발'로 더욱 아름다워진 여인네처럼 윤기 흐르는 '기름발'로 단장된 꽃잎은 한층 더 생기 오른 꽃으로 피어난다. 문득 꽃이라도 되고 싶은 가슴 설레는 날이나, 삶이 그대를 속인 것만 같아 속상한 날에는 화전을 부쳐보자. 동그란 찹쌀 달 위로 활짝 피어난 꽃처럼 마음 또한 화사하게 피어날지 모를 일이다.

다양한 생김생김과 빛깔마냥 요모조모로 이로운 야생화. 이 세상에 어느 하나 부처 아닌 것이 없겠지만, 이만한 보시행 부처가 있을까. 그러한 '이타행'의 삶을 위해 그네들은 얼마나 쉼없는 노력을 하는지. 우리가 밥을 먹고 잠을 자는 사이에도 싹을 틔우고, 꽃을 피우고, 씨앗을 퍼뜨리며 쉼없는 삶을 살아낸다.

"그들 안에서도 인간이나 동물의 세계만큼 치열한 경쟁이 벌어지죠. 척박한 환경에서 살아남아 종족을 유지하기 위해 얼마나 머리들을 쓰는데요. 민들레만 해도 그래요. 머리를 깃털처럼 가볍게 만들어 바람이 불어올 때를 기다렸다가 씨앗을 퍼뜨리잖아요. 나름대로의 생존법인 거죠."

산 바위 틈에 뿌리내리고 꿋꿋이 서 있는 소나무는 또한 어떠한가. 뿌리 끝에서 강한 산酸을 만들어 결국 바위를 뚫고 만다. 그러한 생사의 노력을 통해 뿌리를 내리고 기어코 살아가는 것이다.

"혹한 겨울에도 땅속에서 죽은 듯 봄을 기다렸다 싹을 틔우는 걸 보면 신기하고 신통할 따름이죠. 살기 위해 얼마나 피땀 어린 노력을 하는지. 수행을 위해 그만큼 기를 쓰고 살면 '도'라고 깨치지 못할까 싶어요."

언제였는지 기억은 가물가물하지만, 스님은 야생화 박사인 한 처사님과 백두산으로 야생화 탐방을 간 적이 있었단다. 남한 산천에서는 두세 시간을 뒤져도 운이 좋아야 겨우 볼 수 있는 '개불알꽃'이 그곳에서는 밭을 이루고 있었다. 평생에 한 번 볼까말까 한 장관이었다. 그 순간엔 아무런 말과 생각도 일어나지 않았다. 그야말로 '신심信心'이 따로 없는 순간이었다. 그때부터 우리 꽃과 풀에 대한 관심이 더욱 커졌다. 승려로서 부끄럽지만, 작은 욕심 하나 키워보는 계기가 되었다.

다양한 생김생김과 빛깔마냥 요모조모로 이로운 야생화. 이 세상에 어느 하나 부처 아닌 것이 없겠지만, 이만한 보시행 부처가 있을까. 그러한 '이타행'의 삶을 위해 그네들은 얼마나 쉼없는 노력을 하는지.

花

"10여 년 정도 더 지나서 늙수그레해지면, 쓸모없는 땅들을 일궈 야생화와 야생초 밭을 만들어보고 싶어요. 사람들에게 나눠도 주고, 차나 음식으로 개발해 스님들에게 공양도 하면서 토종 허브의 이로움을 알리고 싶어요. 대부분의 사람들이 야생화나 야생초를 그저 풀 정도로 취급하는데, 그 효능과 쓸모가 얼마나 많은지 몰라요. 거창한 예술이나 창작 활동만이 문화는 아니잖아요. 어찌 보면 우리 삶의 터전인 땅과 흙에서 나는 생명이야말로 가장 먼저 알아야 할 근본 문화죠. 결국 그것들이 우리 몸에 들어오고, 우리 역시 그것으로 돌아갈 테니까요."

늦가을, 탐스러운 보랏빛 꽃을 피우는 쑥부쟁이와 톡 건들면 땡강땡강 청아한 소리를 쏟아낼 것만 같은 초롱꽃, 한아름 복이라도 안겨줄 듯한 복주머니 모양의 금낭화…… 그네들을 찬찬히 바라보노라면 부처의 마음이 그곳에 있음을 알게 된다. 생김도 빛깔도 제각각인 그 많은 부처님들을 언젠가는 법당 주위로 흐드러지게 모셔보고 싶다는 스님. 오며가며 바라보는 사람들의 마음도 행여 부처가 되진 않을는지.

스물한 번째 밥 이야기 | **혜산 스님**

삼라만상의 이치가 담긴
불가의 음식

"음식으로 다룰 수 없는 병은 의사도 고치지 못한다"는 얘기가 있다. 그만큼 음식은 건강과 병을 지관止觀하는 데 절대적인 영향을 미친다. 음식과 수행 또한 불가분의 관계. 몸과 마음의 상태를 수시로 점검하고 체득해서 이뤄온 수행자들의 음식 문화는 곧 우리네 식생활이기도 하다.

"가령 자네와 내가 바둑을 놓는다 말이오. 그런데 계속 판이 꼬여 승부가 나질 않으면 '이건 무효요' 하고 판을 섞어버리지요. 지금까지 했던 것을 공空으로 돌리고 새로 판을 두는 거예요. 이를테면 '공' 사상이죠. 생도 마찬가지예요. 기존의 것들을 그대로 두고 그 위에 아무리 덧칠해본들 소용없어요. 지금까지 지어온 악업을 백지로 만들고 다시 시작해야 하는 거죠. 그래서 반야의 지혜를 터득해야 해요. 먼저 자신의 고정 관념을 타파하고, 새로운 원願을 세워 다시 시작하면 자신의 업과 운명도 바꿀 수 있어요."

"《반야심경》의 핵심은 공"이라는 혜산 스님. 스님이 말하는 반야의 지혜는 수행자들의 식습관과 음식에서도 찾아볼 수 있다. 단식을 예로 들어보자.

"건강과 모든 병은 근본적으로 음식으로 다스릴 수 있어요. 그 진리로 비춰보면 인간은 때론 날짐승만도 못한 존재이기도 해요. 꿩만 해도 몸이 아프거나 먹지 말아야 할 걸 먹었을 땐 한동안 음식을 섭취하지 않고 병을 다스리죠. 수행자들도 단식을 많이 하는데, 단식은 기존에 섭생한 것들을 비워내고 새로운 체질로 바꾸는 거예요. 즉 공 사상과도 접목되지요."

혜산 스님이 출가할 당시만 해도 스님들이 몸이 아파 병원에 가는 것은 생각도 못할 일이었다. 심지어 수치로 여기기도 했단다. 음식을 잘못 취하고 건강에 소홀해서 병이 난 것은 수행을 게을리 했거나 잘못한 것으로 여겼기 때문이다.

"그래서 병이 나면 내놓고 얘기하지 못했어요. 옛 스님들은 병이 나면 보통 음식 조절로 관리했는데, 은사이신 청화 큰스님은 건강이나 체질 개선을 위해 단식을 수도 없이 하셨죠. 한 번 단식에 들어갈 때마다 보통 20일을 하셨어요. 단식은 체질을 바꾸는 수행 과정이기도 해요. 체질에 이상이 있다면, 그건 전생에 받은 몸으로 인해 건강의 균형이 맞지 않는다는 얘기예요. 따라서 근본적으로 체질을 바꾸기 위해 단식으로 새로운 몸을 만드는 거죠. 단식은 시작하기는 어려워도 사나흘 정도 지나면 정신이 그렇게 맑고 깊어질 수 없어요."

단식을 하기 위해서는 주변 환경과 여건도 중요하다. 사실 대중 속에서 단식을 하기란 어려운 일이다. 처음에는 무엇보다 음식의 유혹을 끊기가 어렵다. 그러다 어느 정도 공복 상태가 유지되면 아무리 깨끗한 음식도 그 냄새가 그렇게 역해질 수가 없다. 음식을 늘 접할 때야 버릇이 된 입맛과 기호로 음식이 맛있다고 여기지만, 단식을 일정 기간 하게 되면 음식의 냄새조차 싫어지는 것이다.

"그래서 단식 중에는 생각으로 음식을 섭취하는 '염식念食'을 하기도 해요. 큰스님께선 한 번씩 단식을 하는 것이 좋다고 여러 번 말씀하셨는데, 처음엔 제게는 무리하고 생각했어요. 어려서부터 강한 체질도 못 됐었고, 사경을 헤맨 적도 몇 번 있거든요. 그런데 태안사에 있을 때 감기에 자주 걸려 한번 굶어봐야겠다 생각하고 시도해봤죠. 참 좋더라고요. 무엇보다 정신이 맑아져서 좋고, 몸이 가벼워져 좋고, 발걸음이나 마음도 경쾌해지더군요."

불가에서는 이미 예전부터 단식이나 음식 조절을 통해 수행과 건강을 관리해왔다. 그 오랜 문화는 어찌 보면 현대 의학보다 훨씬 과학적이고 합리적이라 할 만하다. 음식이 부족한 시절, 수행자들은 그 상황에 맞게 자연에서 먹을거리를 찾고 개발해왔다. 또한 몸이나 정신이 고요한 상태에서 음식이 건강과 수행에 어떤 영향을 끼치는지 몸소 체험해왔다. 그렇게 규명된 것을 토대로 계율이 만들어졌고, 불가의 식생활로 자리 잡게 되었다. 그네들의 식생활은 우리네 밥상에도 알게 모르게 스며들었으니, 수행자들은 식문화의 과학자이자 선구자라고도 할 수 있다.

'심心'과 '신身'이 쉬어, 쉬어

"일반 사회에선 현실적인 여건과 좁은 환경 안에서 많은 것들을 바라보

"건강과 모든 병은 근본적으로 음식으로 다스릴 수 있어요. 꿩만 해도 몸이 아프거나 먹지 말아야 할 걸 먹었을 땐 한동안 음식을 섭취하지 않고 병을 다스리죠. 수행자들도 단식을 많이 하는데, 단식은 기존에 섭생한 것들을 비워내고 새로운 체질로 바꾸는 거예요."

斷

185

고 해석할 수밖에 없지요. 음식도 마찬가지예요. 반면 수행자들은 일반인들과 달리 벽이 없으니, 그 외에 것들을 내다볼 수 있어요. 고요한 수행 속에서 일반인들은 시험하지 못한 것들을 불시에 체험하기도 하죠."

옛날 수행자들은 산속에서 먹을거리가 궁핍해진 상황에서도 끝없이 정진해야 하는 고행길에 놓여 있었다. 그들에게 음식은 수행을 위한 것이었고, 수행을 위해선 또한 건강한 육신이 필요했다. 그래서 음식 하나라도 그것이 정신적으로 어떤 영향을 미치는지, 육체적으로 어떤 반응이 오는지 민감할 수밖에 없었다. 불가에서 말하는 오신채를 먹지 마라, 고기를 먹지 마라, 살생을 하지 마라 등의 계율은 종교적인 박애 정신이나 계율적인 가르침 이상의 의미가 있는 것이다.

"우리나라 불가에서 육식을 금한 것은 일반적인 채식주의와는 차이가 있지요. 불가에서는 육식과 더불어 오신채를 금하는데, 그러한 계율은 스님들이 먹어보고 몸과 마음에서 일어나는 반응과 수행에 있어 해로운 현상들을 체험했기에 금지된 이유가 크죠. 오신채만 해도 그런 음식을 먹으면 악취가 심하고, 음淫한 마음이 일어나는 등 몸에 이상 현상이 찾아와요. 그런 내용들이 경經에 자세히 기록되어 있어요."

불가의 계율은 부처님 시대부터 체험에 의해 고증된 것들이다. 그렇게 전승된 것 중에는 '일중식'이나 '오후불식'이 대표적이다.

'일중식'이란 하루에 한 끼만 먹는 것. 오후에는 음식을 먹지 않는다는 '오후불식'과 더불어 일중식은 오늘날까지 이어지는 불가의 전통이다. 일중식은 사시공양만 하는 것을 원칙으로 하는데, 여기에도 심오하고 과학적인 이유가 있다.

"사람의 기운을 24시간으로 나누어볼 때, 우주의 질서는 일반 사람들이 느낄 수 없을 정도로 예민하게 작용한다고 해요. 우리는 그것을 느끼지 못하지만, 자정을 넘어서면 기운이 서서히 일어나서 정오에 가장 왕성해지고 최정점에 달한다고 하죠. 그래서 불가에서는 정오를 넘으면 음식을 먹지 말라는 계율도 있어요. 정오가 넘으면 기운이 점점 약해지는데, 그때 음식을 먹으면 소화력도 떨어지고 수행에 이로울 것이 없다는 거죠. 그래서 '오후불식'의 전통이 유래한 거예요."

하지만 불가에서는 법의 절대성만을 강조하지는 않는다. 일례로, 일중식이 힘들 때는 아침 공양으로 약간의 죽을 먹어도 괜찮다고 경에 설명되어 있다. 또 환자의 경우에는 오후에도 음식을 먹을 수 있는데, 이때는 '공양'의 개념이 아니라 '약으로 먹는 식사'라 하여 '약석藥夕'이라고 한다.

부처님의 법은 음식뿐 아니라 생활 전체와 우주의 질서까지 설명한다. 단지 우리가 그 원리를 간파하지 못하고 체험하지 못할 뿐이다. 인간이 기본으로 삼는 식문화 하나만 해도 체험을 통해 철저히 검증된 부처의 사상과 가르침이 담겨 있다.

"음식의 원리를 가만히 살펴보면 만물의 근본 이치가 다 들어 있어요. 영물들의 '귀소본능'만 해도 우리 인간의 음식 문화에서 찾아볼 수 있죠. 제가 나이가 들어보니 인간도 동물과 마찬가지로 노령이 되어 수명이 다해 갈 땐 입맛도 근본으로 돌아간다는 걸 알겠더군요. 성장하면서 우리는 다양한 음식들을 접하고 좋아하지만, 결국 돌아갈 때는 유년기에 섭생한 것들을 그리워하게 마련이죠."

그것은 유년기에 먹은 것을 비롯해 자주 경험한 음식들이 우리의 인식

세계에 가장 깊이 각인되기 때문이다. 그러한 의식은 나이가 들수록 나선형처럼 점점 넓어지다가 노쇠해지면 다시 거꾸로 돌아와 결국엔 본능만 남는 구조를 취한다. 노령이 되면 식성 또한 처음으로 돌아가려는 '회귀 현상'을 보이니, 인간이란 한 가지의 본능을 초월하기도 얼마나 어려운 존재인가.

"젊을 때는 식욕과 소화력, 호기심이 왕성하다보니 여러 음식들을 즐기게 마련이죠. 하지만 나이가 들수록 결국엔 태생지의 음식을 찾게 되더군요. 저는 바닷가 마을이 고향인데, 나이를 먹을수록 감태나 뜸북이 같은 고향 음식이 문득문득 그리워질 때가 많아요. 산간에서 태어나거나 자란 도반들의 경우엔 산나물이나 산초를 그리 좋아하더라고요. 결국 태생이 산인 사람은 산의 음식을, 바닷가인 사람은 바다의 음식을 그리워하죠."

회귀 본능의 일례로, 대중 음식점들의 패턴을 들 수 있겠다. 한때 보리밥집이나 두부집 등 향수를 자극하는 메뉴를 취급하는 전문 식당들이 성업을 이루지 않았던가. 아마 지금의 아이들이 성장한 몇십 년 후에는 그런 음식점들은 흔적도 없이 사라지고, 햄버거집이나 피자집이 그 자리를 대신할지 모른다. 그들에겐 햄버거나 피자가 향수 어린 음식이 될 테니 말이다.

"불가와 속가의 식생활은 결국 한 뿌리예요. 절의 음식들이나 문화는 오래전부터 속가에 지대한 영향을 미쳐왔으니까요. 최근 들어 차 문화가 발달하고 있는데, 그 또한 절에서 선도적인 역할을 해왔지요. 불가에서는 이미 오래전에 일반화된 문화니까요."

그것은 비단 음식만이 아니다. 절은 예부터 종교적인 차원을 떠나 쉼터와도 같은 곳이었다. 일상에 지친 사람들은 절에 와서 쉬어 가고, 영감을 구하는 예술인들도 절에 와서 다시 정신을 가다듬는다. 그렇게 지친 몸과 마음을 다스려 제자리로 돌아가서 다시 살아내고 다시 붓을 잡았다. 절은 그렇게 '심신心身'이 두루두루 쉬어, 쉬어 가는 곳이다.

스물두 번째 밥 이야기 | **종진 스님**

너와 내가 따로 없던
강원 시절의 공양간 수행

음식이란 자고로 추억이 담겨야 특별한 맛이 된다. 추억은 음식의 맛을 배가 되게 하고, 음식은 추억의 맛을 배가 되게 한다. 작은 일도 큰 일로 여기며 오롯이 정신을 한곳에 집중해야 했던 강원 시절의 공양간 생활. 너와 내가 남이 아닌 듯 동고동락했던 시절인연으로 그 시절의 음식과 추억은 '행복의 맛'이 되었다.

운문사 강원시절, 공양 시간에 정체불명의 김치가 상에 올라왔다. 길쭉한 모양새며 독특한 맛과 향이 갓 같기도 하고 무청 같기도 해서 도반과 실랑이를 벌였다. 그것의 정체는 결국 무청으로 판명이 났으니, 도반의 승리였다. 텃밭에서 갓 뽑아온 무 이파리를 툭툭 잘라 찹쌀풀과 고춧가루에 버무려 익힌 무청김치는 가을녘 그맘때의 기억을 떠오르게 한다.

"강원 시절의 추억들이 많아요. 냇가에서 도반들과 옹기종기 모여 버섯을 구워먹던 일이며, 공양간 일이 서툴러 국 끓이고 찌개 끓이는 법을 입시 준비하듯 공부했던 일이며……"

푸근한 기억들이 담기면 음식의 맛도 추억의 맛도 배가 되는 모양이다. 그 시절을 더듬어보는 것만으로도 절로 입맛이 다셔지고 웃음이 난다.

"운문사 소나무 숲에 표고버섯 밭이 있었어요. 그래서 버섯을 관리하고 따는 일을 하는 '산감'이라는 소임자가 있었죠. 말하자면 '버섯 관리사'라고 할 수 있는데, 하루는 수업이 끝나고 산감 스님이 슬쩍 다가와 냇가로 초대를 해주셨어요. 알고보니 '버섯 파티'였는데, 냇가 옆에서 스님들과 옹기종기 모여앉아 불을 때서 그 위에 돌판을 올려놓고 김치와 표고버섯을 구워먹으며 이런저런 얘기들을 나누는 거죠. 일종의 비밀 불법 서클이라고 할 수 있었죠."

봄이 되면 표고버섯은 맛에서나 모양에서나 최고의 상품 가치를 자랑한다. 하지만 날이 조금만 더워져도 잎 부위가 꽃처럼 피어나 그 가치가 다소 떨어지게 된다. 그럴 때는 그것대로 쓰임새가 귀하니.

"절에서는 일명 '버섯회무침'이라고 해요. 널따랗게 퍼진 잎으로 만드는데, 끓는 물에 살짝 데쳐 채친 뒤 갖은 야채를 넣고 초고추장에 버무리는 거예요. 저녁 공양 때 찬으로 나왔는데, 얼마나 맛있던지. 감사의 마음을 전하고 싶어 음식을 하신 별좌 스님을 찾아뵙고 인사를 드렸던 기억이 나요."

출가자들 치고 '절집 고기'로 통하는 버섯을 마다하는 이가 없으니, 그만큼 스님들의 절대 사랑과 절대 지지를 받는 몸이다. 버섯은 그 자체로도 최고의 요리로 별다른 양념이 필요 없다. 대표적인 것이 표고버섯구이다.

표고를 그대로 구워 소금장에 찍어 김치나 상추 등의 야채에 싸 먹는 것인데, 그 맛과 향은 말로 설명하기도 난처할 경지다. 그저 입 안 가득 한 쌈 푸지게 먹어보면 이심전심으로 알 일이다. 절에서는 버섯으로 찜을 해먹기도 한다.

"경주에 가면 이차돈 순교지에 세운 흥륜사라는 유명한 절이 있어요. 그곳에서 1년 결사를 한 적이 있었는데, 그 절의 특미가 바로 버섯이었죠. 표고버섯을 불고기 양념처럼 간장, 참기름 등에 재워두었다가 큰 냄비에 넣고 푹 익히면 국물이 자작자작해지면서 찜이 돼요. 특별한 날에만 나오는 메뉴였는데, 고추냉이 간장에 찍어 쌈을 싸먹으면 정말 기가 막혔죠."

김치를 써는 것도 담는 것도 마음을 집중하는 수행

"손의 생김새만 놓고 보면 요리사 정도는 되는 생김인데, 실상은 그렇지가 않다"는 종진 스님. 복이 많았던 건지 출가해서 공양간과의 인연은 그리 깊지 않았다. 부엌 경력으로 보나 솜씨로 보나 강원 생활 동안 채공살이를 무사히 마친 것만으로도 스스로 대견할 정도란다.

"출가한 절에서는 설거지하는 정도로 공양간 소임을 끝냈어요. 강원 생활 때는 하채공부터 시작해서 상채공까지 살아봤는데, 내가 해냈다는 자체가 대단하게 느껴질 정도였어요. 그런데 실은 제 아래 반에 하채공을 맡은 스님이 워낙에 성격도 좋고 일도 잘하는 사람이라 옆에서 많이 도와줬어요. 그 덕분에 무사히 끝낼 수 있었죠."

채공이란 공양간에서 반찬을 담당하는 소임을 말한다. 하지만 운문사에

修

김치 한 포기 써는 일도 그릇에 담아내는 일도 그 무엇 하나 허투루 할 수 없던 채공 시절, 작은 일도 큰일인 듯 온 정성과 마음을 쏟아 부어야 했으니 공양간의 모든 일은 오롯이 마음을 한 곳에 집중해야 하는 수행과도 같았다.

서는 별좌가 김치와 찬을 책임지고, 채공은 만들어진 음식을 그릇에 담는 일을 했다. 워낙에 큰 살림이다보니, 별좌의 소임은 다시 큰 별좌와 작은 별좌로 나뉘고, 채공은 하채공, 중채공, 상채공으로 구분되어 학년별로 소임을 맡게 되었다. 한편 스님들이 공부하는 강원에서는 경의 이름으로 학년을 구분하는데, 1학년은 치문반, 2학년은 사집반, 3학년은 사교반, 4학년은 화엄반으로 불렸다.

"하채공은 치문반, 즉 1학년 스님들이 담당하죠. 주로 찬그릇을 챙기고 음식을 그릇에 담고 수저와 찬상의 개수를 맞추는 일을 해요. 중채공은 사집반에서 하는데 김치를 썰어 담는 것이 주된 임무였죠. 그런데 그 일이 쉬울 것 같지만 결코 만만치가 않아요. 칼질이 삐뚤빼뚤하지 않아야 하는 것은 기본이고, 규격 사이즈가 있어 김치의 높이와 넓이, 부피, 빛깔, 국물의 양까지 정확히 맞춰 담아야 했죠. 그러기 위해선 연습밖에는 길이 없어요."

하채공과 중채공의 소임을 다하면 국과 찌개를 담당하는 상채공을 맡게 된다. 하채공과 중채공살이를 그럭저럭 넘긴 종진 스님에게도 기어코 '그 날'은 왔다. 상채공의 자리로 등극하게 된 것이다. 세월 네월의 짬밥으로 절로 오른 자리라 난감한 일들이 첩첩산중이었다. 그 시절의 에피소드 하나를 들어보자.

"국을 끓여보기를 했나, 찌개를 한 번이라도 끓여봤나. 그것도 가마솥에 장작불을 때어 자그마치 250명 분을 해야 하니 잠이 안 올 지경이었죠. 아침에는 국을 끓이고, 점심과 저녁에는 주로 찌개를 끓이는데 별좌 스님이 그날의 국과 찌개 메뉴를 일러주시면서 재료를 주시는 거예요. 어찌나 고민되던지, 도반들 중에 음식 잘하는 스님들의 명단을 뽑아 여기저기 물어보면서 나름대로 종합 정리를 했죠. 아침 강의가 끝나는 대로 바로 공양간에 가야 했던 터라 강의 시간 내내 강의 들으랴 국하고 찌개 끓이는 법 외우랴 두 가지를 병행하느라 한동안 정신이 없었죠."

탄탄한 이론 덕분에 다행히 실전에서도 큰 실수 없이 무사히 넘길 수 있었다. 하지만 한 번 실수는 병가지상사라, 이제 와 고백건대 완전 범죄 속에 은닉된 사건 하나가 있긴 했단다.

"전날 끓이고 남은 찌개가 쉬어버린 것도 모르고 새로 끓인 찌개에 섞어 넣어버렸죠. 절에선 결코 음식을 남기는 법이 없는데, 그렇다고 맛이 상한 찌개를 내놓을 수도 없는 일이고. 고민 끝에 결국은 도반 스님과 삽을 들고 숲으로 들어갈 수밖에 없었죠."

김치 한 포기를 써는 일도 그릇에 담아내는 일도 그 무엇 하나 허투루 할 수 없던 채공 시절. 작은 일도 큰일인 듯 온 정성과 마음을 쏟아 부어야 했으니, 공양간의 모든 일은 오롯이 마음을 한 곳에 집중해야 하는 수행과도 같았다. 바로 그 시절에 한솥밥 먹어가며 알콩달콩한 세월을 함께한 '시절 인연'들이 있었으니. 너와 내가 남이 아닌 듯 동고동락했던 도반들로 인해 '공양간 수행'은 그렇게 '행복의 추억'으로 남았다. 더불어 그 시절의 음식들은 '행복의 맛'으로 남았다.

04
단순하게 먹고 배부르면 족하다

스물세 번째 밥 이야기 | **일담 스님**

그냥 하다보면
'절로' 알게 되니

차를 즐기는 사람들은 흔히 '다도'를 논한다. 하지만 찻잎에 물을 붓고 우려낸 것이 차다. 거기엔 아무것도 더할 것이 없다. 그저 마시다보면 자연스레 맛과 향을 알게 되고 다도가 나온다. 진짜 앎이란 그렇게 세월 속에 절로 알게 되는 것. 요리도 그러하다. '그냥' 하다보면 걸릴 것도 없이 된다. 다음 끼니는 무얼 먹을지 걱정할 일도 없게 된다.

차茶의 성지로 유명한 해남 대흥사의 일지암. 그곳에 살 때는 차를 키우고 덖고 마시는 것이 일이었다. 그것을 일상으로 살다보면 몸에서는 늘 차향이 배어났다.

"차를 덖은 날은 그날의 햇차를 시음하기 위해 큰방에 다 같이 모여 앉아요. 고요함 속에서 찻잎에 물을 부으면 붓는 순간 차향이 온 방 안에 가득

차죠. 그렇게 갓 뽑아낸 차의 맛과 향은 말로 표현할 수 없어요. 아마도 그 때문에 많은 사람들이 차에 빠져들지 않나 싶어요."

일지암은 예나 지금이나 차를 공부하는 사람들의 발길이 잦다. 그들은 '차의 대가'로 잘 알려진 은사 스님에게 무언가 그럴듯한 조언을 구하곤 한다. 한번은 큰절에서 차를 공부하는 스님들이 은사 스님을 찾아왔다. 은사 스님은 그들에게 차는 무엇으로 하는지 물었다. 스님들은 맛과 멋을 운운하며 제각각의 의견을 내놓았다. 하지만 은사 스님의 답은 간단했다. 차는 그저 "차와 물로 하는 것", "찻잎에 물을 따라 넣고 빼면 그것이 차일 뿐 그 외엔 아무런 것이 없다"고 했다. 거기에 무언가를 더한다면 그것은 사람들이 입혀놓은 '색'일 뿐. 그것을 따르기보단 그저 오래도록 마셔볼 것을 권했다. 그러다보면 저절로 차를 알아가게 될 거라는 것이다.

은사 스님을 찾아오는 손님 중에는 진짜 다인이라 할 만한 이도 있었다. 그는 차를 15년 정도 마셨는데 그렇게 차를 마시다보니 차츰 차향을 알게 되고, 차향을 알게 되니 어느새 자기도 모르게 찻잔에 손이 올라가더란다. 차향이 날아가지 않도록 한 손으로 찻잔을 가리게 되더라는 것이다.

하지만 요즘은 차향이 무언지 제대로 느끼기도 전에 다도부터 배운다. 이젠 단 하루만 다도를 배워도 한 손을 올려 찻잔을 가리는 것쯤은 기본이 되었다. 머리로 이해하고 배우는 것은 어려울 것이 없다. 형식이나 기법은 저만치 앞서 가지만, 의도적인 몸짓엔 자연스러움의 깊이가 없다. 세월 속에서 절로 알게 되는 것, 절로 익혀 자연스럽게 녹아드는 것, 그런 자연스러움에서 깊은 멋이 배어남을 알지 못하는 이들이 많다.

"그래서 은사 스님은 제게 차를 일부러 배우지는 말라 하셨죠. '중'임을

茶

"은사 스님이 늘 하신 말씀이 있어요. '음식에 편견을 갖지 마라. 음식을 가리는 것도 좋고 나쁨을 시시비비 분별하는 마음이요, 집착심에서 나오는 것이다'라는 얘기였죠. 그래서 은사 스님은 가리는 음식이 없었어요. 어떤 음식을 대하든 당당하지 못함을 되레 부끄러워하셨기에 무얼 드시든 걸림이 없으셨죠."

늘 앞서 자각하라고 하셨어요. 차는 그저 곁들이는 것이지, 당신처럼 차를 전문으로 하는 스님은 되지 말라고 당부하셨죠."

은사 스님의 말씀은 마음에 오래도록 남았다. 그 말씀은 차를 대할 때뿐 아니라 음식을 대할 때도 등불 같은 지침이 되었다.

"은사 스님이 늘 하신 말씀이 있어요. '음식에 편견을 갖지 마라. 음식을 가리는 것도 좋고 나쁨을 시시비비 분별하는 마음이요, 집착심에서 나오는 것이다' 라는 얘기였죠. 그래서 은사 스님은 가리는 음식이 없었어요. 어떤 음식을 대하든 당당하지 못함을 되레 부끄러워하셨기에 무얼 드시든 걸림이 없으셨죠."

해인사에서 행자 생활을 마치고 은사 스님이 기거하신 일지암에 내려갔을 때 이런 일이 있었다. 공양 시간에 김치찌개가 나왔는데, 돼지고기가 들어 있었다.

"큰 절에 있을 땐 비린 음식을 전혀 먹지 않은데다 당연히 먹으면 안 되는 줄로 여겼으니 난감할 수밖에 없었죠. 이걸 먹어야 되나 말아야 되나 고민하다 김치만 골라 먹었죠. 그런데 은사 스님이 돼지고기 한 점을 집어 수저 위에 올려주시는 거예요. 먹을 수밖에 없었죠. 맛있더라고요."

스님의 은사 스님은 그렇게 차에서나 음식에서나 걸림 없는 사고를 보여주셨다.

해외 포교 불교 잡지 《클리어 마인드》의 전 편집장인 일담 스님. 그는 일찍부터 해외 포교에 관심이 컸던 터라 어학 공부를 위해 미국에서 생활한 적이 있다. 음식에 대한 은사 스님의 가르침도 있었지만, 5년여의 미국 생활에서 음식을 가릴 일은 더욱이 없었다. 음식에 구애를 받으면 타향살이에서 살아남기 힘들기 때문이다.

"음식을 철저히 가리며 수행하는 스님들에겐 누가 될 수 있지만, 외국 생활에선 어쩔 수가 없어요. 미국에서 가장 싸고 만만한 음식이 피자라 1, 2천 원이면 부담 없이 먹을 수가 있죠. 그 돈으로 사먹을 수 있는 음식이 피자 외엔 마땅치가 않아요. 학교에 한국식 도시락을 싸 가면 냄새 나니까, 주로 샌드위치나 피자로 해결할 수밖에 없었죠. 피자엔 기름기가 얼마나 많은지 나중엔 화장지로 닦아가며 먹었죠."

스님은 "알고보면 이 살들이 다 피자살"이라며 웃는다. 그런데 스님이 미국을 가게 된 데에는 또 다른 이유가 있었다. 그 내막인즉슨 이러하다. 행자 생활을 마치고 불교 대학을 졸업한 후 1년이라도 은사 스님 곁에 있는 것이 도리라고 생각했다.

"스님은 평생 공양주를 따로 두질 않으셨어요. 음식에 대해 집착이 없으시니 당신 스스로 되는대로 끼니를 해결하셨죠. 제가 모시고 살 때도 공양주가 없으니 당연히 제가 음식을 장만해야 했죠. 그런데 문제는 솜씨가 워낙 형편없었다는 거예요. 반찬도 만들 줄 모르면서 반년 정도 공양주를 하다보니 도저히 못하겠더라고요. 결국 밥하기 싫어서 미국으로 도주한 셈이죠. 그런데 미국에는 공양주 보살을 따로 둔 절이 거의 없었죠. 결국 신참인 제가 다시 공양주를 해야 했어요. 이게 다 업보라는 생각이 들더군요."

그러한 고충을 알고 있던 은사 스님은 밥상 차리는 것에 고민할 필요가 없다고 누누이 이르셨다. 마음 먹기에 따라 그것이 얼마나 쉽고 간단한 일인지 손수 요리를 해보이기도 했다. 은사 스님식 식단과 요리법이란 요리라고 하기에도 무색할 정도로 간단했다. 가령 이런 식이다.

"하루는 절에서 기르는 표고버섯 대여섯 개를 따와 샤브샤브를 해주셨어요. 그런데 표고와 배추 외에는 별다른 재료가 필요 없었죠. 물에 배추를 썰어 넣고 끓이다 소금으로 간만 맞추면 기본 국물이 되는 거예요. 거기에 표고를 반 통 갈라서 데쳐내면, 이른바 버섯샤브샤브가 되는 거죠."

여기에 곁들일 것은 아무것도 없다. 굳이 서운하다면 소스 대용으로 간장 정도만 곁들이면 된다. 하지만 소스조차 필요치 않을 만큼 버섯과 배추만으로도 근사한 요리가 되었다. 음식에 대한 편견에서 벗어나니 쉽고 간단한 방법으로 다양하고 맛있는 음식을 만들 수 있었다. 은사 스님은 "이렇게 쉽기만 한 것을, 밥하는 게 그리도 어렵냐"며 종종 시범을 보이곤 하셨다.

"스님은 배추씨를 물에 데쳐 드시는 것도 좋아하시죠. 배추 값이 쌀 때는 농부들이 자기들 먹을 양만 수확하고 그대로 밭에 버려두곤 해요. 그러면 배추에서 두릅처럼 생긴 씨가 올라와요. 그 씨가 바로 영양의 보고예요. 은사 스님은 그 씨를 데쳐 초장에 찍어 먹는 것을 최고의 별미로 꼽으시죠."

요리하지 않을수록 최고의 요리

계절별·지역별 음식에도 해박한 은사 스님과 지내면서 일담 스님 또한 그러한 맛의 진미를 어렴풋이 알게 됐다. 어느새 은사 스님의 식성까지 닮았는지 외국 생활중에 문득문득 그리워지는 음식이란 하나같이 그러한 것이었다.

"타향살이 하는 스님들이 안쓰러운지, 뭐가 제일 먹고 싶은지 물어보는 보살님들이 계세요. 한 스님이 보리된장국이 먹고 싶다고 했더니, 어떤 보살님은 한국에서 보리를 공수해 와서 끓여주신 적도 있었죠. 한번은 제게도 물어보기에 매생이라고 답했더니, 고개를 절레절레 흔드시더라고요."

그도 그럴 것이 매생이는 공수해올 만한 음식이 아니다. 파래와 생김이 비슷한 매생이는 전남 해남 등의 바닷가 마을에서나 맛볼 수 있는 해초류다. 실오라기처럼 생긴 매생이는 파래나 김보다도 조직이 미세하여 다른 지역으로 이동하는 순간 상해버리고 만다. 그래서 그 고장 사람들만이 제대로 참맛을 알고 즐겨 먹을 수 있는 음식이다. 그런 매생이를 미국 땅까지 어찌 공수해오랴. 입에 넣는 순간, 입이 곧 바다가 되는 매생이. 스님은 일명 '해남의 맛' '바다의 맛' 이라고 일컫는다.

"그 맛을 아는 사람들은 서울에서도 내려와 얼려서 가져가곤 해요. 어떤 분은 매생이를 너무 좋아해서 냉동실에 얼려놓고 1년 내내 먹는다고 해요. 하지만 얼리는 순간, 세포가 이미 파괴돼 자연 그대로의 맛을 잃게 되죠. 즉석에서 채취한 걸 바로 요리해서 먹어야 제맛을 알 수 있어요."

특히 매생이로 끓인 수프는 아침 식사로 그만이다. 요리법은 너무나 간단하다. 참기름 몇 방울에 매생이를 볶다 물을 넣고 소금이나 조선간장으로 간만 하면 되는 것이다. 여기에 굴을 첨가하면 바다의 맛이 두세 배로 살아난다. 매생이 수프를 끓일 때는 요령이 있다. 기름에 볶은 후에 물을 넣어야 한다는 것. 그래야 매생이가 물에 풀어져 녹질 않는다. 물을 붓고 끓일 때도

포르르 한 번 끓어오를 때 불을 꺼야 한다. 오래 끓이면 맛과 향이 모두 변질되어 특유의 신선한 풍미가 사라지기 때문이다.

외국 생활을 하다보면 그리워지는 것이 어디 한두 가지랴. 그럴 때마다 우리의 차는 작은 위안이 되었다. 깊고 그윽한 차향은 타향살이의 고됨을 씻겨주곤 했다. 차는 낯선 사람들과 친숙해지기 위한 좋은 매개체가 되기도 한다. 머리에서부터 발끝까지 모든 것이 설기만 한 외국인들과의 교류에서도 차만큼 좋은 것이 없었다.

"플로리다의 보현사라는 절에 살았던 적이 있어요. 신도들의 절반이 미국인인데 토요일마다 참선 수행을 했죠. 참선이 끝나면 차를 한 잔씩 하는데 외국인들도 그 시간을 가장 좋아했어요. 한국 음식으로 마련된 공양 시간도 무척 좋아했고요."

좋은 것은 어디서든 통하는 것일까. 보현사에선 매주 일요일마다 우리말로 기도하는 시간이 있었다. 그런데 그 시간을 빼먹지 않고 열심히 참여하는 외국인들이 있었다. 한글을 모르는 그들에게 내용을 알아들을 수 있는지 물었더니 그들의 대답이 인상적이었다. 비록 말을 알아들을 수는 없어도 내용은 알 수 있다는 것이다. 언어의 체계가 아닌 에너지의 파동으로 느끼면 그 안에 담긴 모든 의미를 이해할 수 있다는 것이다. 하기야 온전히 비워낸 마음, 열린 마음으로 받아들이면 그 무엇인들 알지 못할까. 그냥 그렇게 절로 알아지는 것. 진짜 '앎'이란 아마도 그 속에 있는 게 아닐까.

스물네 번째 밥 이야기 | **각묵 스님**

단순하게 먹고
배부르면 족하다

음식이란 무언가. 배부르면 되지 않나. 배불리 먹고 배 꺼지기 전에 일하면 그만이지 않나. 세간의 음식이나 불가의 음식이나 다를 게 없다. 배를 든든히 하여 저마다의 할 일을 하는 것. 밥에, 찌개에, 찬에 먹는 것이 다를 게 없고, 먹는 이유 또한 다를 게 없다. 힘쓰고 살기 위해 먹는 것, 그만큼 중요한 이유가 있으랴.

"난 배만 부르면 돼유. '밥 먹고 꺼지기 전에 얼른 일하자' 요것이 신조라면 신조랄까요. 먹은 거 꺼지고 나면 일하기 힘들잖아요."

힘쓸 일이 있을 때는 배가 꺼질세라 일부터 하고 본다는 각묵 스님. 스님의 지론은 이러하다. "음식이란 그저 배부르면 되는 것."

"배 꺼지고 나서 일해봐요. 확실히 힘들지. 그래서 난 배가 든든할 때 얼른 일해요. 음식은 사실 다 똑같잖아요. 배부르면 됐지, 그보다 중요한 게 뭐가 있간요. 먼 길 갈 때는 쉬 안 꺼졌으면 좋겠고, 신도들한테 공양 접대가 많이 들어오는 날에는 얼른 꺼지는 음식이면 좋겠고, 그런 거죠 뭐."

인간이면 누구나 먹고 입고 자는 것에 집착하게 마련이다. 하지만 원하는 것이 분명한 이들에게 의식주는 집착의 대상이 되지 않는다.

"스님들도 깨닫지 못하면 중생일 따름이에요. 일체중생은 뭔가에 집착하지 않으면 안 되게끔 돼 있어요. 그 속에서 편안함을 느끼니까요. 불교든 기독교든 어떠한 종교든 간에 인간에게 집착할 거리를 만들어주기 때문에 지금까지 이어져 온 거예요. 그건 사실 부처님 뜻과는 다르죠. 그러니 불교와 불도를 구분하지 못하면 불교도 하나의 사상을 가르치는 종교일 따름이죠. '교敎' 자를 빼고 '도道' 를 붙인다면, 부처님의 마음처럼 가는 거지만."

그렇다면 스님들의 가장 큰 갈망은 무엇인가. 깨달음이 아닌가. 깨달음을 추구하는 자들에게 의식주는 그 길에 이르기 위한 수단일 뿐이다. 하지만 스님들도 부처는 아닌지라 뭔가에 집착을 갖게 마련이다. 스님들은 정진과 수행에 집착하지만, 그래도 '나' 라는 것이 쉽게 끊어지진 않는다. '나' 라는 몸뚱이가 있다보니, '나' 라는 걸 위해 무언가 하고 싶은 마음이 일어나는 것이다. 수행중인 스님들에겐 그것이 먹는 것에서 일어나기도 한다.

"스님들은 절이라는 집이 있고, 옷이야 승복 한두 벌이면 족하니 수행중에 몸이 민감해지면 '식食' 에 집착하기도 하죠. 집착은 몸뚱이가 있는 한 달고 살 수밖에 없어요. 무언가를 하고자 하는 마음이 끊어지면 살고자 하는 의욕이 없어져 호흡과 심장도 멈춰버리죠. 그러니 뭐든 하지 않으면 살 수 없는 것이 일체중생이에요. 하지만 깨달은 이들은 집착하지 않으면서도

"수행 중에 몸이 민감해지면 '식食'에 집착하기도 하죠. 집착은 몸뚱이가 있는 한 달고 살 수밖에 없어요. 하지만 깨달은 이들은 집착하지 않으면서도 '행'할 줄 아는 지혜가 있죠. '착着'이 아니라, '법法'으로 행하는 거예요."

着

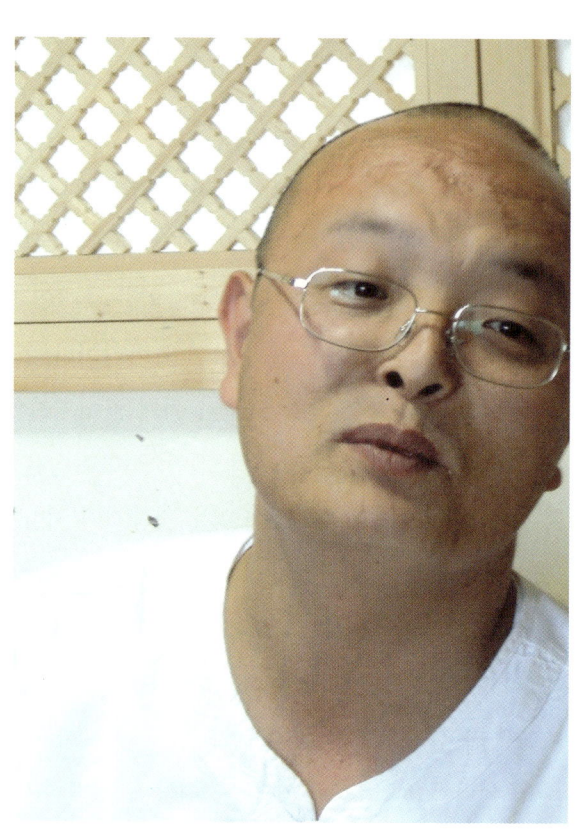

'행' 할 줄 아는 지혜가 있죠. '착着'이 아니라, '법法'으로 행하는 거예요."

그렇다면 법으로 행함이란 무엇일까. 그것은 여러 존재들에게 이로운지 해로운지를 판단해서 행하는 것, 개인의 이익과 감정이 개입된 판단이 아니라 법다운가 그렇지 않은가를 알고 행하는 것이다. 현명한 사람이라면 구분 지어 아는 힘을 통해 얻고자 하는 것을 법으로 얻을 줄 안다. 그 길로 가기 위한 법다운 방법을 알고, 필요한 것들을 차근차근 구해가는 것이다. 여기서 법 또한 목적이 아니라 도구에 불과하다. 그렇다면 '법답게' 밥을 먹는다는 건 무엇일까.

"일례로, 사판 스님절의 공적인 업무를 수행하는 스님들은 여러 사람들을 상대하다 보면 공양 요청이 들어오는 경우가 많아요. 그래서 어떤 때는 하루에 다섯 끼를 먹어야 할 때도 있죠. 그럴 때는 식탐이나 배가 고파 먹는 게 아니라 법으로 먹는 거죠. 스님들 밥통은 포대 자루와 같아서 많이 주면 많이 주는 대로 받아먹고 없어서 못 먹을 땐 또 없다는 소리를 해서는 안 되죠."

음식은 혀를 통해 기억을 먹는 일

우리는 혀라는 감각 기관을 통해 음식을 먹는다. 하지만 혀는 음식의 맛뿐 아니라 기억을 더듬기도 한다. 과거 기억 속에 각인된 음식일수록 우리는 그것을 맛있다고 느낀다. 북새통을 이루는 소문난 음식점은 사람들에게 그러한 음식의 기억을 자극해주는 곳이다. 맛있는 음식이란 곧 기억에 아로새겨진 음식이라고 할 수 있다.

"배만 부르면 그만"인 각묵 스님에게도 기억의 음식들이 있단다. 그것은

'어머니의 음식'으로 각인된 고향의 음식이다. 특히 감잎부각과 도토리묵은 수십 년이 흐른 지금의 기억에도 참으로 맛있는 음식이다.

"제가 자라고 생활한 곳이 충청도 태안인데, 그곳에선 감잎을 말려 튀겨 먹곤 했어요. 어린 시절 기억엔 그게 제일로 맛났죠. 감잎 새순을 따다 말갛게 쑨 밀가루에 소금 간을 조금 해서 감잎에 바르고 바싹 말리는 거예요. 튀길 때는 다시 한 번 밀가루를 얇게 입혀서 기름에 살짝 넣었다 빼면 돼요. 옛날에야 없는 시절이니 밀가루를 묻혔지만, 요즘은 찹쌀가루나 튀김가루를 묻히데요. 설탕을 살짝 뿌리기도 하고요."

이제는 흔하게 맛볼 수 없지만, 감잎부각은 간식이나 반찬으로도 손색없다. 감잎은 비타민 C와 칼슘이 많아 아이들이나 임산부에게 특히 좋은 영양식이다. 만드는 방법도 간단해서 그저 손이 가는 대로 감잎을 적당히 따 바람 잘 통하는 곳에서 말린 후, 밀가루나 찹쌀풀을 발라 살짝 튀겨내면 된다. 감잎은 새순은 새순대로 뻣뻣한 잎은 뻣뻣한 대로 제각각의 맛이 있어 굳이 새순을 고를 필요도 없다.

"저는 일곱 살 때부터 절에서 지냈어요. 그래서 어머니가 절을 오가며 음식을 만들어주시곤 했는데, 그런 어머니 옆에서 알짱거리며 음식 하는 모습도 구경하고 도와드리기도 했죠. 어머니는 음식을 참 잘하셨어요. 가을이면 상수리나무 아래로 떨어진 도토리를 주워 묵을 쑤어주곤 하셨죠."

충청도에서는 도토리를 주로 상수리라고 불렀다. 엄밀히 따지면 도토리는 작은 참나무의 열매이고, 상수리는 상수리나무의 열매로 일반 도토리보다 크다. 스님이 자란 절 주위에는 상수리나무가 많아 가을이면 탐스러운 도토리가 나무 아래로 툭툭 떨어지곤 했다.

"도토리는 묵직해지면 알아서 떨어지는데, 묵을 만들기 위해 그 작은 알맹이를 모으려면 시간이 얼마나 걸리겠어요. 어린 마음에 성질이 급해지면 떡메로 나무를 툭툭 치는 거예요. 그러면 열매들이 우르르 쏟아지죠. 그렇게 떨어진 도토리를 열심히 주워 드리면 어머니는 고놈들을 말려 절구통에 찧어 껍질을 벗겨냈어요. 절구 찧는 일 또한 제 담당이었죠."

도토리묵을 쑬 만한 양을 모으는 것도 일이었지만, 묵을 쑤기까지는 여간 정성이 필요한 게 아니다. 우선 껍질을 까기 위해 적당히 말려야 하고, 그런 후엔 절구에 넣고 살살 찧어 껍질을 훌훌 벗겨내야 한다.

"그것을 체로 까불면 알맹이가 드러나는데, 도토리도 밤처럼 겉껍질을 까면 속껍질이 나와요. 도토리묵의 떫은맛이 바로 이 속껍질에서 나는 거예요. 그래서 속껍질을 잘 제거해줘야 떫은맛이 사라지죠. 그러기 위해선 수시로 물을 흘려주고 걸러내면서 한동안 물에 담가둬야 해요. 그렇게 물에 불려 속껍질까지 벗겨내면 알맹이를 맷돌에 갈아 가루를 만드는 거예요. 그걸 끓여 응고시키면 묵이 되는 거죠."

도토리묵을 만들 때는 도토리가루에 넣는 물의 양이 중요하다. 물을 많이 넣으면 묽어지고, 적게 넣으면 뻑뻑해지므로 야들야들하고 탱탱한 묵을 쑤기 위해선 적당한 양의 물이 관건이다.

스님이 자란 절의 공양주 보살님은 도토리묵을 말려 장조림을 해주곤 했다. 일명 '묵장조림'이라 할 수 있는데 묵을 통째로 말려 손으로 찢으면 고깃결처럼 찢어진다. 그렇게 찢은 묵을 간장과 설탕, 식초를 적당히 넣고 끓여 소고기 장조림과 같은 방법으로 조리하면 된다. 맛이나 질감이 꼭 소고기 장조림처럼 짭조름하면서도 달달해 어린 시절 가장 좋아했던 별미 찬

211

習

도토리묵은 별다른 조리 없이 간장에 찍어 먹는 것만으로도 맛있다. 특유의 쌉싸래한 맛을 그대로 즐기는 것이 진짜 별미라고 할 수 있다. 이럴 땐 오히려 양념이 자연의 맛을 해치게 되지만, 복잡하게 조리하는 데 길들여진 사람들은 간단한 조리법을 가르쳐줘도 '습'을 바꾸지 못한다.

이었다.

도토리묵은 별다른 조리 없이 간장에 찍어 먹는 것만으로도 맛있다. 특유의 쌉싸래한 맛을 그대로 즐기는 것이 진짜 별미라고 할 수 있다. 이럴 땐 오히려 양념이 자연의 맛을 해치게 된다.

"충청도식 음식은 조리법이 대개 간단해요. 절에서는 더 그러하죠. 그런데 복잡하게 조리하는 데 길들여진 사람들은 간단한 조리법을 가르쳐줘도 '습'을 바꾸지 못해요. 하긴 작은 습관 하나 바꾸는 것도 쉬운 일은 아니죠. 절에 공양주 보살님이 새로 오시면 쉬운 조리법을 가르쳐드리곤 하는데도 이내 소용이 없어져요. 며칠만 지나면 양념이 하나씩 추가되면서 다시 복잡해지거든요."

그때마다 스님, "원래대로 가유~"를 외친단다.

공양주 보살에 대한 말이 나왔으니 말인데, 옛날에는 행자들 최고의 법사는 다름 아닌 공양주 보살이었다.

"행자 때는 시키면 시키는 대로 무조건 따르는 것이 사는 길이죠. 은사 스님은 만나기 어렵고, 행자들을 마음대로 부려먹는 사람은 공양주니까 따르면서 배우는 거죠. 그도 그럴 것이 큰 절 공양간의 노보살님들은 절 살림을 한 지가 짧게는 일이십 년, 길게는 삼사십 년이 족히 됐어요. 그러니 그 내공과 공력이 오죽하겠어요. 어지간한 스님들보다 법을 더 잘 아셨죠."

그렇게 수십 년, 절 식구들의 뒷바라지를 해온 공양주 보살은 엄한 사감이자 따뜻한 어머니기도 했다. 행자들이 무언가를 잘못하면 타이르거나 야단을 치기도 하고, 스님의 행세부터 할라치면 몽둥이를 들고 쫓아오기도 했다. 하지만 배고프다고 하면 밥 챙겨주고 배 아프다고 하면 약을 사러 뛰어가는 사람도 공양주 보살이었다. 그렇게 오랫동안 가까이 지내다보니 상에 올라오는 메뉴만 봐도 공양주 보살의 기분을 짐작할 수 있었다.

"어쩌다 상에 묵이라도 올라오면 공양주 보살님의 기분이 적당히 좋은 것이고, 두부라도 올라오는 날은 생일쯤 되는가 보다 하는 거죠. 간혹 자장면 같은 별식이 나오는 날은 시집간 딸이라도 왔나 보구만 하는 거고요."

옛날 스님들은 그렇게 공양간 노보살을 스승삼아 고된 행자 시절과 공양간 수행을 거쳐가곤 했다. 그때와 지금의 공양간 풍경 또한 천양지차가 되었다. 일례로 장작불과 가스불의 차이가 그러하다. 그 시절엔 공양간의 필수품 중 하나가 '알불'이었다.

"그땐 장작을 때서 밥을 지었는데, 장작이 타고 나면 숯이 되기 전에 빨갛게 타다 남은 불이 있어요. 그걸 알불이라고 하죠. 옛날엔 그 알불로 음식을 했어요. 알불을 사용할 때는 나름의 요령이 있었어요. 우선 장작을 태워 밥을 하는데, 이때 불을 세게 때서 밥을 해야 김이 확 빠져나가면서 꼬들꼬들하고 힘 있는 밥이 되죠."

화력 좋은 장작불에 밥이 끓어올라 구수한 냄새가 나면 아궁이에 부지깽이를 넣고 알불을 끄집어냈다. 그 위에 바로 장 뚝배기를 올리면 타이밍이 딱 들어맞는다. 장이 끓고 나면 다시 알불을 밀어 넣고, 솥에서 밥을 푼 다음 바로 물을 붓고 숭늉을 만드는 것이다. 이토록 요긴한 알불의 활용에서 가장 중요한 것이 이런 절묘한 '시차'이다.

알불로 밥을 짓던 공양간의 풍경과 행자들의 지엄한 법사요 어머니였던 공양주 보살님, 그리고 그 시절 음식에 대한 기억 기억들. 음식에는 그러한 아련한 기억들이 담겨 있다. 어쩌면 지금 이전의 생애와 그보다 더 오래된 생애의 기억조차 담고 있을지 모른다. 과거의 끈을 달고 사는 우리 중생들은 끼니마다 그러한 과거의 기억들을 향수하는 건 아닐까. 하지만 그것은 '착'으로 이어지는 또 하나의 끈이 되기도 한다. 그러니 자고로 음식이란 "단순하게 먹고 배부르면 되는 것." 각묵 스님의 단순하면서도 심오한 철학을 어느 철학자라고 힘주어 외쳤을까.

스물다섯 번째 밥 이야기 | **연암 스님**

겨울이면 절로 그리운
천하무적 약차

경북 청도의 덕사. 주지 스님의 모과 사랑이 깊었는가. 방 한 편을 차지한 모과 열매엔 깊어가는 겨울만큼 소록소록 검버섯이 피어났다. 향을 잃은 모과를 대신하여 크고 작은 항아리 속 모과차는 나날이 맛과 향의 깊이를 더해가고, 설탕의 넉넉한 품 안에서 소담히 익어간 노란 빛깔이 바라보는 마음마저 농익게 한다.

겨울은 따뜻한 차 한 잔이 절로 그리운 계절. 먼 길 오느라 추위로 얼얼해진 몸이 스님이 내준 모과차 한 잔에 녹아내리더니 어느새 마음까지 노글노글해진다.

덕사의 주지인 연암 스님은 찬 기운이 완연한 늦가을이면 모과차를 직접 담근다. 그렇게 담근 모과차를 새벽 예불 전후로 잊지 않고 챙겨 드신다는

"절에서는 음식이 곧 약이에요. 모과차는 맛도 맛이지만 약으로도 좋은 차예요. 목을 보호해주고 감기 예방에 특히 좋죠. 특히 염불하는 스님들한테는 더할나위 없이 좋죠."

스님. 방 안에 놓인 크고 작은 모과차 항아리들만 보아도 그 사랑이 짐작이 되고도 남는다.

"모과차는 맛도 맛이지만, 약으로도 좋은 차예요. 목을 보호해주고 감기 예방에 특히 좋죠. 차를 담글 땐 모과 두세 개에 생강 두세 쪽 비율로 얇게 썰어 꿀과 설탕에 켜켜이 재워요. 그렇게 하룻밤만 재워놓아도 설탕이 진득하게 녹아내려 며칠만 지나면 먹을 수 있는데, 시간이 지날수록 맛과 향이 더욱 좋아지죠."

세월이 지날수록 연륜의 맛을 그윽하게 우려내는 모과차. 모과차를 담글 때는 생강을 첨가해주는 것이 스님의 비법이라면 비법이다. 혈액 순환에 탁월한 효능이 있는 생강이 가세하면 감기 예방에 이보다 좋은 명차가 따로 없단다. 여기에 대추까지 더해진다면 그 모과차의 이름은 이쯤 되지 않을까. '겨울철 최고의 천하무적 웰빙 차.'

"절에서는 음식이 곧 약이에요. 겨울에는 스님들이 목을 보호하고 감기 예방을 위해 모과차를 즐겨 마시는데, 특히 염불하는 스님들에겐 더할 나위 없이 좋아요. 목을 많이 사용하는 사람들에게도 마찬가지고요. 오래 살다보면 누가 굳이 가르쳐주지 않아도 자연스럽게 터득하게 되는 것들이 있죠. 모과차도 그렇게 배웠어요. 옛날 노스님들이 해마다 담가 드시는 걸 어깨너머로 보면서 자연스럽게 익히고 즐겨 마시게 되었죠."

모과차를 단 한 번이라도 담가본 사람이라면 알 것이다. 단단한 모과를 얄팍하게 써는 일이 생각만큼 쉽지 않다는 것을. 그러니 썰어진 모양새만 봐도 모과차 담는 실력이 족히 가늠된다. 크기가 제각각이고 두께가 둔탁하다면 그건 초보 중에서도 왕초보요, 빛이 투영될 만큼 야들야들한 속살을 뽐낸다면 고수 중의 왕고수라 할 만하다.

　모과만한 천연 방향제도 없다며 모과 예찬이 끊이지 않는 스님. '모과차를 두 배로 즐기는 비법'까지 귀띔하는데, 날이면 날마다 깊어가는 맛과 향의 변화를 음미해보란다. "모든 것은 변하게 마련"이라는 부처님의 진리가 모과차 한 잔에도 담겨 있음을 알게 될 테다.

　스님은 진하고 살뜰하게 모과차를 마실 수 있는 비법도 덤으로 일러준다. 모과차를 뜨거운 물에 우려 마시기보단 찬물에 한두 술을 넣고 팔팔 끓여 마시라는 것이다. 두서너 배는 더 그윽해진 맛과 향을 느낄 수 있을뿐더러 적은 양으로도 여러 명이 넉넉히 마실 수 있으니 그야말로 일석이조의 방법이 된다.

철따라 순응하여 먹기, 약으로 알고 먹기

　감기 예방과 함께 몸을 따뜻하게 보호해주는 차로는 생강차도 빼놓을 수 없다. 모과차와 마찬가지로 생강차 역시 늦가을에 담그는 것이 가장 좋다. 11월쯤에 살이 통통하게 오른 햇생강으로 담근 차는 감기 예방에 특효다. 담는 방법이나 마시는 방법 또한 모과차와 다르지 않다. 대추와 함께 꿀과 설탕에 재워두었다가 뜨거운 물에 우려 마시거나 주전자에 넣고 끓여 마시면 한겨울 추위도 거뜬히 날 수 있다.

　절에서 생강은 차뿐 아니라 음식에도 두루 애용된다. 사찰 음식의 가장 큰 특징이라면 오신채 사용을 금하는 것. 오신채의 대표격인 마늘을 대신하는 것이 바로 생강이다. 절에서는 김치를 담글 때 마늘 대신 생강을 사용하는데, 생강 특유의 맛과 성분이 김치의 개운하고 시원한 맛을 살려준다. 또한 쪄서 말린 생강은 한방에서 중요한 생약으로 사용된다 하니 생강은 여러모로 쓰임이 많다 하겠다.

"요즘 같은 철엔 도라지나 더덕도 즐겨 먹는 편이죠. 생강이나 모과처럼 모두 겨울에 먹으면 좋은 음식들이에요. 이젠 제철 과일이나 제철 채소라는 개념도 사라진 지 오래지만, 절에서는 아직도 계절의 흐름에 순응하며 음식을 먹는 편이에요. 제 은사 스님은 제철 음식들을 백과사전마냥 줄줄 꿰고 계셨죠."

도라지와 더덕은 주로 무침이나 구이로 먹지만 절에서는 장아찌로 담가 먹기도 한다. 겨울 문턱에 고추장에 박아둔 것을 겨울 내내 한 번씩 꺼내 먹으면 잃어버린 입맛쯤은 금세 해결된다. 그만큼 절집에서는 든든한 월동 밑반찬이 된다.

"절에서 가장 만만한 겨울 식량으로 김치와 시래기도 빼놓을 수 없죠. 시래기나 김치 하나만으로도 지져 먹고 볶아 먹고 끓여 먹고 온갖 방법을 동원해서 참 다양하게 만들어 먹을 수 있잖아요. 저는 행자 때 '갱두'라고 찌개와 국을 담당하는 소임을 맡았었죠. 국이나 찌개 간이 짜다 하면 물을 붓고 싱겁다 하면 간장을 붓는 식이었으니 맛이야 장담할 수 없지만, 김칫국이나 시래기국만큼은 잘 끓였던 것 같아요."

스님의 국 끓이던 실력으로 짐작건대 결코 순탄치만은 않았을 갱두 시절. 벌써 20여 년 전의 일이라 아련한 기억이 되었지만, 화학 조미료로 간을 했다가 은사 스님께 호되게 꾸지람을 듣던 기억은 생생하다. 서툴기만 했던 공양간 일에 익숙해질 무렵, 연암 스님은 은사 스님께 맛있는 국을 끓여드려 실수를 만회하고자 했단다. 때는 바야흐로 봄, 스님이 도전한 국은 쑥국이었다.

"이른 봄이라 쑥국이 제철이었어요. 나름대로 정성을 쏟겠다고 논두렁에서 여린 쑥을 캐고 있는 할머니들에게 직접 쑥을 샀죠. 다시마랑 무를 우린 물에 된장을 풀고, 쑥을 콩가루에 버무려 훌훌 털어 넣고 정성껏 끓였는데 그 맛이 '억수로' 맛있데요. 입맛 까다로운 은사 스님도 이번만큼은 맛있게 드실 거라 자신했는데, '이걸 국이라고 끓였느냐'며 결국 또 꾸지람만 들었죠."

20년 전만 해도 행자는 사람 취급도 받지 못한 시절이었다. 공양간 일은 주먹구구로 알아서 배워야 했고, 더운 물이 귀한 시절이니 한겨울에도 찬물에 손을 담그고 살아야 했던지라 손이 부르트고 쩍쩍 갈라지기 일쑤였다. 그뿐이랴. 산에 가서 땔감을 마련하고, 밭에 나가 농사를 짓고, 소임 중에도 틈틈이 경전을 외워야 했다. 작은 실수도 호되게 꾸지람을 듣는 것이 예사인지라 법당에서 줄곧 3천배 참회도 해야 했다. 그렇게 새벽 3시부터 저녁 9시까지 한시도 쉴 틈이 없었다. "행자는 여름철에 한 그늘 아래에서 3분 이상 머무를 수 없다"는 말이 있을 정도였으니, 그만큼 철저히 '하심'을 배우고 익혀야 하는 시기였다.

"이렇게 고생하면서 이 길을 꼭 가야 하는지 절 한쪽에 처박혀 고뇌도 많이 했어요. 바깥에서 이 정도로 열심히 살면 뭘 해도 잘 살겠다는 생각도 들었죠. 행자 생활이 얼마나 고됐던지, 군에 입대하니까 훈련소 생활이 편하게 느껴지더군요. 새벽 6시에 일어나 저녁 6시면 모든 업무가 끝나니 잠잘 시간도 넉넉하고, 끼니마다 주는 밥 먹으면 되고, 일하다 틈틈이 쉬는 시간도 주어지니 행자 생활 때에 비하면 더할 나위 없이 편한 생활이었죠."

먹물옷이 너무나 입고 싶어 스님이 됐다는 연암 스님. 서러운 행자 시절을 견뎌내고 간절한 바람을 이룰 수 있었던 건 고된 생활을 이겨낼 수 있도록 건강한 몸을 지켜준 음식이라는 약발 때문이 아니었을까.

"초발심자경문初發心自警文에 보면, '음식을 음식으로 대하지 말고, 몸을 지탱하고 수행하기 위한 약으로 알고 먹어라'는 말이 있어요. 하지만 때때로 입 안이 껄끄럽고 밥맛이 없을 때는 시원한 북엇국에 밥 한술 말아 먹으면 좋겠다는 생각이 절로 들 때가 있죠. 그럴 때는 숭늉 한 그릇도 멀건 북엇국으로 알고 먹으면 또 그만입니다."

음식을 약으로 생각한다면 맛을 따질 것도 가릴 것도 없다는 스님. 그럼에도 불구하고 못 먹는 게 두 가지가 있으니, '없어서' 못 먹는 것과 '안 줘서' 못 먹는 것이란다.

스물여섯 번째 밥 이야기 | **현담 스님**

사춘기 행자와 일백 세 노스님의
공양간 인연

무술이 좋았다. 무술이 수련에서 수행으로 이어지면서 만나게 된 것이 불교였다. 일찌감치 출가한 덕에 사춘기를 행자 시절로 대신했다. 그 시절 공양간 한 귀퉁이에서 만난 백 세 노스님은 어린 철부지 공양주를 놀려먹는 재미로 살았단다. 세월이 지난 후에 알았다. 그분이 바로 큰 스승이었음을.

수덕사 위에 위치한 정혜사라는 선방에는 노스님 한 분이 살고 계셨다. 공양간 한편에서 야채를 다듬곤 하셨던 노스님은 세수 백 세를 훌쩍 넘겼어도 건장함을 자랑했다. 마당에 작은 돌 하나도 무심히 지나치는 법이 없던 스님은 수십 명 대중이 한 철을 나는 데도 참기름 반 병이면 족하다 하실 만큼 검소하셨다.
어린 나이에 출가한 덕에 사춘기를 행자 생활로 대신했다는 현담 스님.

열여덟 살의 철없는 공양주와 백 세 노장 스님은 그렇게 공양간 한 귀퉁이에서 만났다. "어린 공양주를 놀리는 재미에 산다"고 입버릇처럼 말씀하시던 노스님. 당신의 방을 청소해드릴 때마다 노스님은 옛날 이야기를 풀어놓듯 옛 스님들의 일화를 한 토막씩 들려주곤 했다.

서투른 공양간 살림이 차차 익숙해질 때쯤 이런 일이 있었다. 밥 짓기 하나는 도통했다고 자신할 무렵이었는데, 갑자기 보리밥을 지으라는 주문이 들어왔다. 보리밥은 한 번도 지어본 적이 없던 현담 스님은 난감할 수밖에 없었단다.

"보리를 아무리 삶아도 퍼지질 않는 거예요. 공양 시간은 다가오는데, 보리는 퍼질 생각도 않고 가르쳐주는 사람도 없어서 진땀을 빼고 있었죠. 그런데 어찌 아셨는지 노스님께서 지팡이를 짚고 오셔서 방법을 일러주셨어요. 그러면서 하시는 말씀이 당신은 십대 초반부터 공양주를 했는데, 스님도 보리밥을 처음 지을 때 짓는 방법을 몰라 울고 계셨대요. 그때 백 살을 훨씬 넘긴 비구니 스님 한 분이 오셔서 요령을 일러주셨다더군요."

보리밥에 얽힌 코흘리개 공양주 시절의 기억이 아련히 떠오를 때면 노스님은 한 번씩 보리밥을 주문하곤 했다. 때론 깐깐하기 이를 데 없는 노인이었다가도 때론 자상한 할아버지와도 같았던 노스님. 나중에 안 사실이지만 노스님은 깨달음을 얻었다는 만공 스님의 제자로 당시 불교계의 최고 어른 스님 중 한 분이었다.

수덕사 본사에서 법문이 있는 날이면 현담 스님은 노스님의 자가용이 되어야 했다. 수덕사에서 정혜사까지는 차가 올라올 수 없을 정도로 길이 험악했기 때문이다. 연로하신 스님을 수덕사까지 모실 수 있는 방법은 등에

"약한 기력으로는 온갖 탐심을 이겨낼 수 없지만, 강한 기력으로는 어떠한 탐심도 이겨낼 수 있다는 것이 스님의 지론이셨어요. 그래서 오신채도 가리지 말고 먹으라고 하셨어요. 다 먹고 이겨내야 초월할 수 있는 것이지, 피하는 방법으로는 초월할 수 있는 게 없다고 하셨죠."

업고 가는 길밖에 없었다.

"노스님이 어디 출타라도 하신다고 할까봐 늘 걱정이었죠. 스님께선 제 등에 업혀 이런저런 말씀들을 해주셨는데, 한번은 미안하셨던지 이런 얘길 해주시더군요. 불교가 핍박받던 조선 시대엔 원님들이 절에 올 때면 스님들을 불러 가마를 지게 했대요. 이대로 가다가는 '선'을 지키기 힘들겠다고 생각한 스님들은 하루는 작정하고 가마를 진 채 벼랑으로 떨어져버렸답니다. 그 후론 그런 일이 없어졌다면서 너도 업고 가기 싫으면 벼랑에서 떨어져버리라고 하시더군요."

밥 짓는 일에서부터 지게를 지는 일까지 스님의 몫이 아닌 게 없던 행자시절. 스님이 담당한 여러 소임 중에는 선방 스님들에게 필요한 물품을 짊어 나르는 일도 있었다. 아랫동네 주차장에서부터 고지대에 위치한 정혜사까지 물건을 지어 나르기란 고행과 다름없었다.

"여름에는 수박을 열 통씩 짊어지고 나르곤 했어요. 당시엔 먹을 것도 변변치 않았고, 하안거여름철에 스님들이 한 곳에 머무르면서 정진하는 것에 들어가면 날씨가 더우니 선방 스님들이 수박을 무척 좋아했죠. 그래서 대중 공양으로 수박이 들어오곤 했는데, 본사 절까지만 올라오면 그나마 다행이지만 버스에 실려 오는 날엔 정류소에서부터 짊어지고 올라와야 하니 고생이 이만저만이 아니었어요."

한번은 수박을 지고 나르는데 산 중턱쯤 와서 그만 기진맥진해 휘청거리고 말았다. 옆에는 낭떠러지라 수박을 던져버리면 위험한 상황을 면할 수 있었다. 하지만 차마 수박을 포기할 수는 없었다. 불과 몇 초의 찰나였지만 수박을 기다리고 있을 선방 스님들의 모습이 떠오르면서 반사적으로 수박을 선택할 수밖에 없었다. 다행히 크게 다치진 않았지만, 절에 돌아온 스님은 수박을 물에 담가놓기가 무섭게 정신을 잃고 말았단다. 그런데 꿈속에서 흰옷을 입은 눈부신 여인네가 다가와 스님을 껴안고 뽀뽀를 하더란다.

"그런 일이 있은 후에 노스님께서 법문을 하시는데 어느 동자 얘길 하시는 거예요. 생쥐가 동자의 국그릇에 빠졌는데, 국을 끓인 갱두가 혼날 것을 염려해 슬쩍 꺼내놓았대요. 큰스님이 나중에 동자에게 무슨 일이 없었냐고 물었더니 동자가 웬 예쁜 아줌마가 다가와 머리를 쓰다듬어 주더라고 하더래요. 그 아줌마는 관음보살이었는데 그 광경이 큰스님 눈에만 보였던 거죠. 나중에 노스님이 제게 오시더니 혹시 너도 그런 일이 생기면 얘기하라고 하시더군요. 노스님께선 아마 제가 뽀뽀 당한 걸 아셨던 모양이에요."

'정혜사 표' 인기 메뉴, 양파 쌈장과 고추장 감잣국

당시 정혜사와 수덕사 본사는 여느 절과 다른 점이 있었다. 일반 절에서는 금기하는 오신채의 음식들을 먹을 수 있었던 것. 처음엔 대중 사이에서 일대 소란이 일어나기도 했지만, 절의 최고 어른 스님의 결정인지라 따를 수밖에 없었다.

"약한 기력으로는 온갖 탐심을 이겨낼 수 없지만, 강한 기력으로는 어떠한 탐심도 이겨낼 수 있다는 것이 스님의 지론이셨어요. 진짜 강하면 모든 걸 초월할 수 있다는 거였죠. 그래서 오신채도 가리지 말고 먹으라고 하셨어요. 다 먹고 이겨내야 초월할 수 있는 것이지, 피하는 방법으로는 초월할 수 있는 게 없다고 하셨죠."

時

제각기 다른 사람들이 모여 사는 절집의 대중 살림은 그만큼 어려운 법이다. 가뜩이나 어린 나이에 수많은 절집 식구들의 밥을 짓고 음식을 만드는 일은 결코 녹록할 리 없다. 하지만 현담 스님은 공양간에서 보낸 십대 시절과 노스님과의 시절인연 속에 살 때 가장 살맛이 났었단다.

노스님의 뜻에 따라 정혜사 공양간에서는 파와 마늘, 양파 등과 같은 오신채를 그야말로 '걸림 없이' 사용할 수 있었단다. 그래서 정혜사의 음식은 일반인들의 입맛에도 잘 맞고 인기가 좋았다. 그중 최고의 인기 메뉴는 쌈장이었다.

"된장과 고추장을 2대 1의 비율로 섞어주는데, 짠 고추장을 사용하면 제 맛이 안 나요. 여기에 표고버섯을 잘게 썰어 넣고, 버섯 우린 물을 뻑뻑하지 않을 정도로 넣은 다음 들기름에 볶는 거예요. 보글보글 끓어오를 때 양파를 썰어 넣고 양파가 익을 즈음 불에서 내리면 되는데, 양파의 달착지근하고 구수한 맛이 어우러지면서 기가 막힌 쌈장이 되죠. 여기에 풋고추를 찍어 먹으면 얼마나 맛있는지 서울에서 오신 보살님들이 다 퍼갈 정도였어요."

가마솥에 끓인 고추장 감잣국도 인기 만점이었다. 들기름을 둘러 달군 가마솥에 감자를 8등분 정도 크기로 썰어 넣는데, 감자가 노릇노릇해지면서 3분의 1 정도 익었을 때 간장을 옆으로 돌려 붓고 간을 한다. 그런 후에 쌀뜨물을 붓고 뚜껑을 바로 덮어줘야 한다. 그래야 쌀뜨물로 더해진 감잣국의 구수한 향이 날아가지 않는다. 감잣국이 보르르 끓어오를 때 고추장을 풀어 넣고 간장으로 마무리 간을 하면 구수하면서 얼큰한 감잣국이 되는 것이다.

공양간과의 인연이라면 누구보다도 '질기다는' 현담 스님. 그 질긴 인연은 수계를 받고 해인사에 내려가 살 때까지 이어졌다. 해인사에서는 공양주의 보조 소임을 맡게 되었는데, 수십 명 분의 밥을 짓는 일과 수백 명 분의 밥을 짓는 일은 차이가 컸다. 정혜사에서 갈고닦은 내공이면 밥 짓는 일 정도는 눈감고도 해낼 자신이 있었지만, 해인사의 대중은 200여 명에 달했다.

"200여 명 분의 밥을 해야 하니 가마솥의 크기만도 어마어마했죠. 쌀을 물에 불려 양동이로 한 동이 붓고, 뜨거운 물을 두 동이 붓는 식으로 쌀과 물의 양을 가늠해야 했어요. 그런 다음 솥뚜껑을 덮고 밥을 짓기 시작하는데, 행자들이 지키고 서 있고 공양주가 동서남북 사방에서 냄새를 맡은 다음 오케이 신호를 보내죠. 그러면 행자들이 신호를 받기 무섭게 부지깽이로 3초 안에 장작을 떼내야 해요. 불과 몇 초 차이만 나도 누룽지가 엄청 많이 생기면서 잠깐 사이 스무 그릇 남짓한 밥이 날아가죠."

일반적인 방법으로 장작불을 때면 누룽지가 생기기 십상이기 때문에 불을 땔 때도 특별한 방법이 필요했다. '우물 정' 자로 장작을 쌓고 불을 지피되, 불꽃의 모양이 연꽃 모양으로 올라와야 했다. 조금이라도 잘못 조절되어 불꽃이 한쪽으로 치우치기라도 하면, 그날은 공양간 식구들 전체가 누룽지 세례를 받는 날이다.

"밥이 잘되더라도 솥이 워낙 커서 눌은 밥을 긁어내면 누룽지가 적어도 한 바가지는 나왔죠. 결국 누룽지는 늘 공양간 식구들이 해결해야 할 숙제였어요. 얼마나 질리게 먹었던지 공양간 소임이 끝난 후에도 누룽지를 먹으면 성을 간다고들 할 정도였죠. 나중엔 쌀의 돌을 걸러내는 체로 누룽지를 떠서 물을 따라 버리고 먹기도 했어요."

대중 살림에서는 제아무리 맛있는 음식도 개개인의 성격과 입맛이 다르기에 이러쿵저러쿵 말이 나오게 마련이다. 3년 동안 공양주를 했다는 정혜사의 큰스님은 이런 이야기를 들려준 적이 있었다.

스님이 공양주로 지낼 당시에 절의 식구들이 50여 명이었는데, 삼시세끼 한솥밥을 먹으면서도 늘 이런저런 말이 나더라는 것이다. 연로하신 스님들은 진밥을 좋아하다 보니 밥이 되다고 늘 잔소리를 하고, 된밥을 선호하는 젊은 스님들은 걸핏하면 밥이 질다고 불만을 터뜨렸단다. 3년 내내 끼니때마다 그런 불평불만을 듣고 살던 스님은 공양주 소임을 살던 마지막 날에 작심을 했단다. 여느 때보다 일찍 일어나 밥을 두 번 지었는데, 하나는 거의 모래알에 가까운 밥을 짓고, 하나는 죽에 가까운 밥을 지어 대중들 방에 넣어버린 것이다. 재미있는 것은 스님들의 반응 또한 각기 달랐던 것. 젊은 스님들은 욕지거리를 하고, 노스님들은 중 배짱이 저 정도는 돼야 한다며 오히려 칭찬을 했더란다.

제각기 다른 사람들이 모여 사는 절집의 대중 살림은 그만큼 어려운 법이다. 더군다나 어린 나이에 수많은 절집 식구들의 밥을 짓고 음식을 만드는 일은 결코 녹록할 리 없다. 하지만 공양간에서 보낸 십대 시절과 노스님과의 시절인연 속에 살 때 가장 살맛이 났었다는 현담 스님. 그 시절을 기억하노라면 음식을 앞에 두고 맛에 대한 평이나 불만은 입에 담을 수도 없단다.

"오랫동안 밥을 지으면서 알게 된 사실이 있어요. 항상 말 많은 사람의 밥그릇에 돌이 들어간다는 겁니다. 그 넓은 솥, 그 많은 밥에서 하필이면 돌이 그 좁은 주걱을 거쳐 그리로 들어갔을까요?"

스물일곱 번째 밥 이야기 | **묘장 스님**

아상我相을 버린
그 맛이 기가 막히다

음식을 어떻게 만들고 먹어야 하는지, 큰스님을 시봉하면서 알게 된 것이 많다. 생각을 자유롭게 하면 감자 한 알, 두부 한 모로도 새롭고 다양한 음식이 만들어진다. 문제는 재료가 아니라 마음이다. 작은 시도와 변화는 그만큼 새로운 즐거움을 경험하게 하니, 성찬은 생각과 마음으로 차리는 것이다.

서울 회기동, 연화사의 앞마당에는 작지만 아기자기한 텃밭이 가꾸어져 있다. 텃밭 구석구석에는 피망이며 고추, 상추, 열무 등의 채소가 가을 햇볕과 바람 속에 분주히 살을 올리고 있다. 아직 싹이 여린 열무는 적절한 때를 기다리고 있으니, 좀더 완연한 가을이 되면 청명한 하늘을 향해 성큼 자라 있을 테다. 가을은 그렇게 열무의 계절이기도 하다.

"열무는 여름 끄트머리에 심는데, 모종이 아닌 씨를 뿌리는 거라 싹이 나

相

큰스님은 입맛이 까칠하실 때 시루에 직접 기른 콩나물 하나만 무쳐드려도 더없이 맛나게 공양을 드시곤 했다. 음식의 질이나 맛보다는 거기에 깃든 마음과 정성을 보신 것이다. 소박하고 보잘것없는 음식도 마음이 들어가면 푸짐하고 맛난 성찬이 된다. 그러니 음식의 맛은 재료 탓이 아니라 마음 탓인 것이다.

와 자라면 잎을 한 번 솎아줘야 해요. 솎을 때 여린 잎을 따서 보리밥 위에 얹어 강된장에 비벼 먹으면 그야말로 둘이 먹다 하나가 죽어도 모를 맛이죠. 이때 강된장은 너무 짜지 않게 끓이는 게 좋아요. 된장에 생두부와 참기름을 넣고 끓이면 짜지 않으면서도 빡빡하게 끓일 수 있죠."

보리밥 위에 산만하게 올린 열무는 간간한 강된장에 몇 번 쓱쓱 비비기만 해도 금세 숨이 죽는다. 그렇게 자신의 상相을 버려 된장과 절묘하게 어우러진 그 맛은 기가 막힐 따름이다. 열무의 어린 순에 배어 있는 무의 쌉싸래한 매콤함이 된장의 구수함과 어우러져 절로 입맛을 살게 한다. 그것을 푸짐하게 걸친 밥 한술이면 천고마비의 계절을 바로 실감하게 된다.

연화사의 주지인 묘장 스님의 은사 스님은 입맛 까다롭기가 둘째가라면 서러운 분이란다. 그만큼 미각이 뛰어나고 음식에 대한 소소한 부분까지 해박한지라 미음 하나를 끓이는 데도 남다른 비법을 알고 계셨다.

"이를테면 미음을 끓여도 쌀알을 참기름에 볶다 물을 붓고 끓이는 거예요. 그러면 쌀알이 쫀득쫀득하면서 고소하거든요. 버섯을 요리할 때는 향을 최대한 살리기 위해 다른 재료들이 다 익은 후에 넣어 아주 살짝만 익혀내는 거죠. 쉽고 간단하지만 놓치기 쉬운 요령들을 잘 알고 계셨어요."

큰스님은 음식을 대하면서 좋은 아이디어가 떠오를 때면 곧잘 일러주곤 하셨다. 그런 큰스님을 5년간 시봉하면서 절로 배우게 된 것이 많다. 그 덕에 큰스님의 입맛과 식성까지도 닮게 되었다.

"큰스님은 절기에 맞춰 음식을 챙겨 먹는 것을 아주 중요하게 생각하셨어요. 전통 음식은 절에서라도 지켜야 한다는 소신이 있으셨죠. 핵가족화가 되면서 두세 명의 가족을 위해 때마다 절기 음식을 장만하기란 사실 번거로운 일이 되었잖아요. 그런 상황에서 절마저 전통의 풍습을 무시하면 누가 지켜 가겠냐는 거죠. 그래서 비록 당신이 좋아하는 음식은 아닐지라도 절기에 맞는 음식이 장만되지 않을 때면 절의 대중들이 혼이 나곤 했어요."

오곡밥을 먹어야 될 때는 오곡밥을 짓고, 찰밥을 먹는 날은 찰밥을 짓고, 동짓날은 팥죽을 끓이고, 설날에는 떡국을 끓이는 것. 그것은 단순히 먹을거리를 준비하는 것 이상의 의미가 있었다. 큰스님은 비록 내키지 않더라도 그것이 절기 음식이면 싫은 내색 없이 드시곤 했다.

절기 음식에는 평소 자주 접할 수 있는 음식도 더러 있다. 그중 하나가 떡국이다. 절집에서 떡국은 가벼운 아침 식사로 자주 애용된다.

"절집 떡국은 고기가 빠져 맛이 덜할 수도 있지만 그 대신 고명을 잘 만들면 참 맛있어요. 우선 무와 다시마, 홍고추, 표고버섯을 우려 국물을 내고, 국물을 우린 표고버섯은 채 썰어 고명으로 활용하는 거죠. 두부를 기름에 구워 굵게 채 썬 다음 표고버섯과 함께 참기름과 간장을 넣고 볶아요. 다 볶아질 무렵에 다시마 물을 조금 넣어 자박자박한 상태의 고명을 만드는 거죠. 다시마 물에는 떡을 끓이고, 간은 고명으로만 맞추는 거예요."

천연 재료로 국물을 내어 고명으로 간을 맞춘 떡국은 담백하고 속에 부담되지 않아 아침 공양으로 제격이다.

어떻게 먹을 것인가, 어떻게 만들 것인가

큰스님은 음식을 먹는 순서에도 중요한 의미를 두셨다. 절의 전통 식사법인 발우공양만 보더라도 서열은 절집 식사 예법에서 아주 중요하다. 웃어른부터 음식 그릇이 돌 뿐 아니라, 웃어른이 수저를 들고 놓는 것에서 공양이 시작되고 끝이 난다. 이러한 기본이 되는 식사 예절은 일반 가정에서도 지켜가는 것이 좋다.

"부모와 수저를 동시에 들거나 아이가 먼저 들게 하는 것은 부모와 동등한 위치라든지 자기가 최고라는 인식을 심어줘요. 그렇게 성장하면 은연중에 부모나 어른을 무시하는 태도가 길러지죠. 일반 가정집의 식탁 예법을 보면 아빠만 어른으로 중시하고, 엄마는 나중에 먹어도 되는 사람처럼 인식하는 경우도 많더군요. 그 또한 교육상 좋지 않아요. 부모 모두 수저를 든 후에 아이가 들게 하는 것은 사소한 것 같지만 대단히 중요한 교육이죠."

식욕은 가장 기본이 되는 욕구이다. 그러니 식사 예절은 속가에서나 승가에서나 위엄과 질서를 유지하는 근본 예법인 것이다.

"식사의 순서를 중시하되, 그렇다고 먹는 음식에 차등을 두는 것은 좋지 않아요. 모든 음식은 상하 분별 없이 공평하게 먹을 수 있어야 해요. 속가의 경우라면 좋은 음식은 아버지만 먹는다거나 아버지가 먹고 남겨야 먹을 수 있다는 식의 인식을 심어주면 은연중에 아이는 차등과 소외의 감정을 느끼게 되죠."

'먹는 예의' 만큼 중요한 것이 또한 '만드는 예의' 다. 수행의 근본인 '하심' 은 음식을 만들 때도 필히 챙겨야 할 덕목이다. 음식을 잘한다는 사람 중에는 자부심이 강해 못하는 음식을 못한다고 인정하고 배우려는 것에 공연히 자존심을 내세우는 경향이 있다.

"어떤 절에 김치나 된장은 물론이고 두부도 직접 만들 만큼 전통 음식에 정통한 공양주 보살님이 계셨어요. 하루는 스님이 별미로 자장면을 준비할

想

감자 한 알, 두부 한 모를 도마 위에 올려놓더라도 잠시 상상의 나래를 펼쳐보는 것이다. 요놈들을 지질 것인지 볶을 것인지, 된장과 궁합을 맞출 것인지 간장과 맞출 것인지. 한편 생각을 뒤집어도 보자. 볶은 것은 끓여보고, 지진 것은 조려 보고. 어느새 부엌은 창조적인 놀이터이자 흥미로운 연구소가 되어 있을 것이다.

요량으로 춘장과 재료를 사다 드리면서 자장면을 하실 줄 아느냐고 물었대요. 보살님은 흔쾌히 만들 줄 안다고 하셨는데, 공양 시간에 내려가보니 상 위에는 면과 한쪽 귀퉁이가 잘려진 춘장 봉지가 덜렁 놓여 있더래요."

그 일을 계기로 스님은 보살님에게 자장면 만드는 법을 일러주었단다. 그리고 얼마 지나지 않아 다시 자장면을 만들게 됐는데, 이번엔 건더기가 없었다. 어찌된 일인지 알아보니 자장에 들어갈 야채를 곱게 다져 넣는 바람에 끓으면서 녹아버린 것이었다. 두어 번의 우여곡절 끝에 공양주 보살님은 제대로 된 자장면을 만들 수 있었다고 한다. 애초부터 모르는 것을 모른다고 인정하고 배우고자 했다면, 음식을 만드는 사람이나 먹는 사람이나 마음 고생을 하지 않았을 일이다.

음식을 보면 마음이 드러나게 마련이다. 큰스님은 입맛이 까칠하실 때 시루에 직접 기른 콩나물 하나만 무쳐드려도 더없이 맛나게 공양을 드시곤 했다. 음식의 질이나 맛보다는 거기에 깃든 마음과 정성을 보신 것이다. 소박하고 보잘것없는 음식도 마음이 들어가면 푸짐하고 맛난 성찬이 된다. 그러니 음식의 맛은 재료 탓이 아니라 마음 탓인 것이다.

절집의 음식이란 얼핏 생각하기에 오신채를 제외한 채식 위주라 기껏해야 나물 찬 몇 가지와 찌개, 국 정도밖에 떠올리지 못한다. 하지만 면밀히 살펴보면 그 종류는 수도 없이 많다. 우선 나물만 해도 그 종류가 수십 가지는 족히 된다. 어디 나물뿐이랴. 형태에 따라 줄기 음식, 잎 음식, 열매 음식, 뿌리 음식 등 그 종류는 헤아릴 수 없이 다양하다. 게다가 그것들을 어떤 양념과 방식으로 조리하느냐에 따라 한 가지 재료로도 수없이 많은 음식을 만들 수 있다. 이렇게 무궁무진한 음식은 남다른 솜씨나 비법에서 나오는 것이 아니다. 다양한 변화를 위한 작은 시도와 생각에서 비롯되는 것이다. '음식에 대한 생각'은 '음식에 대한 마음'이니, 마음이 곧 솜씨요 비법인 것이다.

마음 없이 차린 밥상은 수저를 놓는 위치 하나도 제대로 챙기지 못한다. 심지어는 음식에 기본적으로 곁들여야 할 것조차 놓치게 되어 쌈에 된장이 빠지거나 구운 김에 간장이 빠지는 지경에까지 이르기도 한다.

"생각이 들어가고 마음이 담기면 음식은 무한대의 변신을 꾀할 수 있죠. 감자 하나만 하더라도 오늘은 간장에 조림을 했다면, 내일은 고춧가루를 넣어 얼큰한 탕을 만들고, 다음에는 말려 부각을 하고, 어느 날은 감자밥도 만들어보고, 으깨서 마요네즈를 넣고 샐러드도 만들어보는 거죠. 또 줄기 음식 하나를 장만했으면 열매나 뿌리 음식을 곁들이는 거예요. 주부들이 찬거리가 마땅치 않다고 걱정하지만 문제는 재료가 아니라 생각인 거죠."

재료와 조리법의 다양함과 조화로움을 생각하고 차린 밥상은 아무리 소박해도 푸짐한 법이다. 마음으로 차린 밥상만한 성찬은 없다. 자유로운 생각과 변화의 노력은 그만큼 다양하고 새로운 것을 경험하게 한다. 부엌살림도 마찬가지다. 감자 한 알, 두부 한 모를 도마 위에 올려놓더라도 잠시 상상의 나래를 펼쳐보는 것이다. 요놈들을 지질 것인지 볶을 것인지, 된장과 궁합을 맞출 것인지 간장과 맞출 것인지. 한편 생각을 뒤집어도 보자. 볶은 것은 끓여보고, 지진 것은 조려보고. 어느새 부엌은 창조적인 놀이터이자 흥미로운 연구소가 되어 있을 것이다.

스물여덟 번째 밥 이야기 | **혜수 스님**

김치 하나로
극락을 다녀오다

먹을거리가 변변치 못했던 시절, 김치 몇 쪽에도 밥맛이 꿀맛 같던 때가 있었다. 정갈하고 깔끔한 맛이 일품이던 금정암의 김치와 시원달달했던 극락암의 김치는 '극락의 맛'과도 같았다. 그 시절 그 맛을 이제 어느 누가 흉내라도 낼까. 그 옛날 김치의 맛과 추억은 아직도 또록또록하기만 하다.

매일 대하는 밥상에서 밥만큼이나 친숙한 음식인 김치. 우리에겐 주식과도 다름없지만, 김치의 역사는 알고보면 그리 길지 않다. 오늘날 우리가 가장 즐겨 먹는 배추김치는 특히 그러하다. 배추에 고춧가루를 넣고 버무린 김치는 조선 시대 중반부터 먹기 시작했다 하니, 짧은 역사임에도 김치는 이제 우리의 밥상에서 없어서는 안 될 절대적인 존재가 되었다. 김해 모은암의 주지인 혜수 스님 또한 김치 없는 밥상은 대하기조차 서

속가에서처럼 파와 마늘을 듬뿍 사용할 수 있는 것도 아니고, 그렇다고 젓국을 맘껏 넣을 수 있는 것도 아니건만 절집 김치는 시원하고 개운한 맛을 자랑한다. 군더더기 없는 깔끔한 맛, 이것이 바로 절집 김치의 특징이다.

운하단다. 한때 김치 담는 실력이 보통에서 '약간'은 넘었다는 스님.

"안동에 있는 금정암에 살 때는 김치를 직접 담곤 했어요. 세월이 오래된 지라 지금은 기억도 가물가물하지만, 맛이 참 깔끔하고 시원했어요. 무슨 특별한 재료나 비법이 있는 게 아니었는데도 말이죠."

속가에서처럼 파와 마늘을 듬뿍 사용할 수 있는 것도 아니고, 그렇다고 젓국을 맘껏 넣을 수 있는 것도 아니건만 절집 김치는 시원하고 개운한 맛을 자랑한다. 군더더기 없는 깔끔한 맛, 이것이 바로 절집 김치의 특징이다. 무슨 특별한 재료나 비법이 있는 게 아니라지만, 따지고 들면 비결 없는 비법이 어디 있으랴.

우선 절집 김치의 가장 큰 특징이라면, 파나 마늘 등의 오신채를 사용하지 않는다는 것이다. 그럼에도 시원한 맛을 낼 수 있는 비책이 있으니, 바로 생강이다. 생강의 알싸한 맛과 향이 배추의 맛을 살려주는 것이다. 여기에 갓이나 미나리 등을 첨가하거나 조선간장과 찹쌀풀, 다시마 우린 물로 젓국을 대신하면 그 맛은 한층 업그레이드된다.

"무엇보다 찹쌀풀이 관건인데, 다시마 우린 물이 끓어오르면 푹 불려놓은 찹쌀을 넣고 약한 불에서 저어주면서 끓이는 거예요. 찹쌀이 완전히 퍼질 정도로 묽어지면 바로 양념장의 기본인 찹쌀풀이 되는 거죠. 여기에 불린 고춧가루와 다진 생강, 조선간장, 배즙, 설탕 등을 넣고 고루 섞어요. 양념장이 싱겁다 싶을 때는 조선간장으로 간을 맞추면 되죠."

김치는 소금에 잘만 절여도 맛의 반 이상이 완성된다. 그만큼 배추 절이기는 김치의 맛을 좌우한다고 할 수 있다. 배추를 절일 때는 배추 머리 부위를 중심으로 소금을 고루 뿌리는데, 소금의 양은 배추 한 포기당 한 움큼 정도면 적당하다.

"그런 후엔 약간 간간할 정도의 소금물에 푹 담그는 거죠. 대략 서너 시간 정도 담가두면 숨이 완전히 죽는데, 중간중간 아래쪽에 잠긴 배추와 위쪽에 있는 배추를 한번씩 잘 뒤집어줘야 해요. 그래야 간이 '평등하게' 배죠. 절이는 시간은 최대 여섯 시간을 넘지 않도록 하는 것이 좋아요. 너무 오래 절이면 배추에서 수분이 많이 빠져나가 질기면서 짜지거든요."

배추 절이기의 완성은 헹구기에 있다. 깨끗한 물에 한 포기씩 재빨리 헹궈 채반에 엎어놓기를 세 번 정도 반복한다. 이때 주의할 점은 배추를 물에 오래 담가 씻으면 안 된다는 것이다. 배추의 단맛이 희석되기 때문이다. 배추 절이기와 헹구기의 성공 여부를 가늠하는 방법은 간단하다. 배추 속의 두꺼운 잎을 찢어 물에 헹궈 먹어보는 것이다.

"약간 짭짤하다 싶으면 성공인 거죠. 그 다음부터야 뭐 일사천리 아니겠어요? 무채와 갓, 미나리, 배 등의 재료를 썰어 양념장에 잘 섞어 넣고 배추에 고루 버무리기만 하면 되죠."

"좋은 배추를 고를 때는 잎이 얇으면서도 겉잎은 푸르고 속잎은 노란 빛깔을 띠는 것이 최상"이라는 혜수 스님. 설명을 듣자 하니 과한 겸손함이 얄밉기까지 하다. 김치 담는 실력이 보통에서 '약간' 넘는 것이 아니라 '억수로' 넘고도 남음이다.

좋은 음식에는 좋은 재료를 써야 하는 게 당연지사. 맛있는 김치를 담그려면 배추도 배추거니와 물과 소금이 좋아야 한다. 좋은 배추에 좋은 소금과 물이라, 그야말로 금상첨화의 조건이 아닐 수 없다.

"금정암에 살 때 김치를 잘 담그는 도반이 있었어요. 워낙에 솜씨도 좋았지만 깨끗한 물과 독 안에 오래 묵혀두었던 소금을 사용해서 맛이 더욱 뛰어날 수밖에 없었죠. 당시 절에서는 소금을 커다란 독에 저장해 쓰곤 했는데, 그렇게 몇 년씩 묵혀둔 소금은 일반 소금이라도 천일염과 같은 상태가 돼요. 그래서 조금만 넣어도 음식의 맛이 깊어지죠."

소금도 연륜이 쌓이면 숙성된 맛을 자아내니 무엇인들 다를까. 소금과 마찬가지로 음식을 만들 때는 깨끗한 물을 사용하는 것이 무엇보다 중요하다. 우리 몸의 대부분을 구성하고 있는 것이 물이니, 사실 좋은 물만한 명약도 없다. 좋은 물은 건강을 다스리는 기본인 것이다.

"물에도 사람처럼 성性이 있어요. '암물' 과 '수물' 로 구분하는데, 우리가 일상적으로 마시는 물은 대부분 수물에 속해요. 수물은 철분 맛이 강한 반면, 암물은 달달한 맛이 나면서 우유를 물에 풀어놓은 것처럼 뿌연 색을 띠죠. 절에선 암물을 일명 '장군수' 라고 부르기도 하는데, 흔치는 않지만 그 물로 음식을 만들면 맛이 더욱 좋고 소화가 잘 되죠."

흙으로 빚어진 독과 세월로 빚어진 소금, 그리고 달달한 우윳빛 암물까지는 아닐지라도 깨끗한 물은 좋은 음식의 기본임에 틀림없다.

땡감이 김치 속으로 들어간 사연

금정암의 김치가 정갈함이 일품이었다면, 극락암의 김장김치는 그야말로 '극락의 맛' 이었다. 그만큼 독특하고 인상적인 맛으로 기억된다.

"극락암에서 몇 해 살던 적이 있었는데, 김장김치의 맛이 무척 색달랐죠. 지금까지 먹어본 배추김치의 맛과는 전혀 다른, 생전 처음 접해보는 맛이었어요. 달달하면서도 무척 시원했죠. 도대체 김치에 뭘 넣었는지 궁금해서 물어봤더니, 비결이 땡감이었어요. 김치속을 만들 때 땡감을 껍질 채로 넙적넙적하게 썰어 넣는 거예요. 김치가 익어가면서 땡감이 홍시로 변해 달콤하고 시원한 맛을 내는 거죠."

극락암의 김치 속에 땡감이 들어간 데는 재미있는 일화가 숨어 있다. 이야기는 한국 불교계의 큰 어른인 경봉 스님의 일대기로 거슬러 올라간다.

"극락암에는 감나무가 워낙 많아 감을 수확하면 장독에 저장해두고 먹어야 했대요. 그런데 감을 먹지 않고 오래 두니까 독에서 감식초가 돼버렸죠. 감이 흔하다보니 감을 먹으려는 사람은 없고, 나중에는 독마다 감식초가 넘쳐났대요. 그래서 하루는 경봉 스님이 꾀를 내셨답니다. 홍시가 정력에 그렇게 좋더라고 소문을 내신 거죠. 그랬더니 손도 대지 않던 그 많은 홍시가 한 달 만에 바닥이 났다는군요."

그러니 땡감이 배추 속에 '투입' 된 배경에도 경봉 스님의 묘안이 숨어 있었는지 모를 일이다.

혜수 스님의 김치 사랑은 그 재료인 배추 사랑으로까지 이어진다. 배추는 그 옛날 '숭'이나 '숭채' '백채' 등으로 불렸단다. 한때 배추는 약초로도 사용됐는데, 실제 민간에서는 생활 상비약으로 톡톡한 몫을 해냈다고 한다.

"배추는 무엇보다 감기를 물리치는 데 특효예요. 배추에 많이 함유된 비타민 C는 열을 가하거나 소금에 절여도 쉽게 파괴되질 않아요. 저는 몸이 으슬으슬 춥고 열이 나면서 머리가 아플 때, 배추 뿌리를 차로 다려서 마시곤 하죠. 이를테면 천연 감기약이랄까요."

의사의 처방도 약사의 면허도 필요없이 누구나 쉽게 '조제' 가능한 '배추뿌리차'. 그 조제법과 음용법은 무척 간단하다. 배추 뿌리를 깨끗이 씻어 흑설탕과 생강을 넣고 푹 끓여주면 되는 것이다. 그 물을 음료 대용으로 마시면 오려던 '감기 손님'은 물론이요, 이미 들어와 앉은 손님도 이내 물러간다고 한다.

배추뿌리차가 춥고 열이 나면서 두통을 동반한 감기에 특효라면, 배추로 조제한 식초는 기침 감기나 가래를 해소하는 데 효험이 있다. 일명 '제수'라고 불렸다는 배추 식초의 조제법 또한 어려울 게 하나 없다. 배추를 약간 말린 후 뜨거운 물을 붓고 사흘쯤 묵혀두면 되는 것이다.

그 옛날 배추는 약제로서도 쓰임이 다양했다. 화상을 입었을 땐 배추를 데쳐 상처 부위에 붙이기도 했고, 옻독이 올라 가려울 때는 배추의 흰 줄기를 즙내어 바르기도 했다. 중국에서는 예부터 몸을 따뜻하게 해주는 채소로 알려져 있다는데, 그네들은 배추 고갱이로 수프를 끓여 감기를 예방했다고 한다.

한 시절엔 귀한 약재의 몸이던 배추, 어느 사이에 소금에 절여지고 양념에 버무려져 '김치'라는 걸작으로 '밥상 마님'의 자리까지 꿰찼으니, 옛 아낙네들의 지혜는 그 얼마나 수승殊勝했던가.

"경상도에서는 김치 담글 때 쓰는 큰 그릇을 다라이라고 하죠. 행자 시절엔 쇠로 만든 다라이에 아궁이의 숯불을 꾹꾹 눌러 담아 그 위에 된장찌개를 올려놓고 밥을 먹곤 했어요. 여러 식구들과 다라이에 빙 둘러앉아 된장찌개에 김치를 쭉쭉 찢어 먹던 맛이라니…… 경상도식으로 말하면 '쥑인다'라는 말밖엔 달리 표현할 길이 없죠."

다라이를 밥상삼아 김장김치 몇 쪽에도 푸짐하고 행복했던 공양 시간. 돌이켜보니 김치가 없는 밥상은 기억조차 없다. 그때 그 시절이나 지금이나, 불가에서나 속가에서나, 소박하거나 푸지거나 우리의 밥상 한편엔 늘 그렇게 김치라는 보약이 다소곳이 자리하고 있었다. 있는 듯이 없는 듯이.

스물아홉 번째 밥 이야기 | **자 영 스 님**

마른 것은 마른 대로,
생것은 생한 대로 기특하다

쓸모없이 버려지는 음식물의 껍질조차 활용하기에 따라선 입맛 살리는 짭조름한 찬이 된다. 세상에 쓸모없는 것이 무엇일까. 단지 쓸모가 없다고 여기는 생각 속에 쓸모없음이 존재할 뿐. 모든 존재는 나름의 쓰임과 무한한 가능성이 있으니 그 무엇을 '미물' 이라 할까.

목기에 소담하게 담긴 다시마튀각. 그 옆에 사이좋게 놓인 간장 종지와 정갈하게 차려진 물김치와 숙주나물…… 엄마 손에 이끌려 절에 다니던 한 꼬마에겐 법당의 부처님보다 눈길이 가는 것이 절집 밥상이었다. 설탕과 깨소금이 과하지도 모자라지도 않게 뿌려진 다시마튀각과 이를 푸짐하게 담고 있는 나무 그릇. 그 질박하고 소박한 조화로움이 어린 마음을 사로잡았다. 법랍 이십 년의 스님으로 살고 있는 지금도 그 이미지는 마음

報

세상에 미물이란 것이 어디 있을까. 그저 귀하게 여기는 만큼, 의미를 부여하는 만큼, 하찮은 존재도 각별한 존재가 되는 것이다. 그러니 존재의 실상을 무엇이라 말할 수 있을까.

한자리에 또렷이 남아 있다.

"집에서 먹던 음식과 크게 다를 것도 없었는데, 어린 입맛에도 절에서 먹는 반찬 하나하나가 그렇게 깔끔하고 맛깔스러울 수가 없었어요. 튀각은 절에서 처음 본 음식이라 유독 눈길이 갔어요. 군것질거리가 지금처럼 흔치 않던 시절이니 과자랑 비슷하게 생긴 모양도 그렇고 바삭하면서 고소하고 달달한 맛에 사로잡힐 수밖에 없었죠."

그 시절 이래로 자영 스님은 튀각을 유독 좋아하게 되었단다. 처음 본 그 순간부터 지금까지 한결같이 좋아하고 즐겨 먹는 음식이 되었으니, 마음자리의 기억이란 그토록 질긴 인연을 쌓는가 보다.

기름에 튀기는 요리가 그다지 많지 않은 우리나라에서 튀각은 거의 유일무이한 전통의 튀김 음식이다. 튀각은 주로 마른 다시마나 미역, 김, 파래와 같은 해조류나 가지, 깻잎, 고추 등의 야채로 만든다. 호두, 땅콩과 같은 견과류도 튀각의 좋은 재료다. 다양한 재료만큼이나 다양한 맛을 즐길 수 있는 것이 튀각의 매력이다. 우리나라의 튀각은 여느 나라의 튀김 음식처럼 느끼하거나 자극적이지 않다. 그 맛이 담백하여 쉽게 질리지 않아 찬으로는 물론 주전부리로도 안성맞춤이다. 재료를 기름에 튀겨 설탕과 깨소금을 살살 뿌려주기만 하면 되니 튀각만큼 조리법이 간단하고 맛과 영양이 조화로운 전통 음식도 드물다.

튀각과 비슷한 음식으로 부각이라는 것이 있다. 재료가 비슷하다보니 언뜻 보기엔 그 모양새도 비슷하여 혼동하거나 같은 음식으로 생각하는 경우가 있다. 하지만 부각은 튀각보다 한두 가지 공정이 더 들어간다. 일단 재료를 꾸덕꾸덕 말려주는 것은 기본이요 말 잘 듣는 솔로 찹쌀풀을 재료에 고루 입혀줘야 한다. 그런 후 다시 한 번 말려 튀기는 것이다. 이러한 과정이 성가시다면 좀더 손쉽게 만드는 방법도 있다. 재료를 말린 후에 찹쌀풀을 발라 그대로 튀기는 것이다.

부각을 만들기가 튀각에 비해 번거롭긴 하지만, 튀각은 튀각대로 부각은 부각대로 그 나름의 맛과 장점이 있다. 다시 말해 재료를 그대로 기름에 튀기면 튀각이요, 찹쌀풀을 발라 말려서 튀겨주면 부각이 되는 것이다. 그러니 시간에 쫓길 때는 튀각이요 시간이 여유로울 때는 부각이라, 시간 사정에 따라, 입맛에 따라 선택하면 될 일이다.

"튀각이나 부각을 만들 때 주로 쓰는 재료가 다시마예요. 해조류를 가리켜 바다의 채소라고 하잖아요. 그만큼 채소보다 비타민과 무기질이 풍부하죠. 그래서 피부 미용에도 좋고, 변비나 비만에도 효과적이고, 피를 맑게 해서 피로 회복에도 좋아요. 또 체내에 쌓인 농약이나 중금속, 발암 물질까지 배출한다고 하니 알고보면 약과 다름없는 음식이죠."

다시마튀각을 만들 때는 다시마를 젖은 행주로 잘 닦고 적당한 크기로 잘라 기름에 튀기면 된다. 한편 부각으로 만들 때는 밥알로 약간의 모양을 내주면 더욱 그럴듯해진다. 요령은 이러하다. 찹쌀을 불려 일부는 가루를 내어 풀을 쑤고 나머지는 밥을 짓는다. 그런 후 다시마에 찹쌀풀을 바르고 그 위에 찹쌀 밥알을 보기 좋게 올려 볕 좋은 곳에 말려 튀기는 것이다. 그러면 보기에도 한층 먹음직스럽고, 맛 또한 일품이니 '밥알 하나 발랐을 뿐' 임에도 그 효과는 두세 배라 하겠다.

"사실 절만큼 다시마를 애용하는 곳도 없을 거예요. 절에서는 화학 조미료나 멸치를 쓰지 않기 때문에 모든 음식의 국물을 내는 데는 다시마가 필

절에서 다시마의 존재란 결코 없어서는 안 될 만능 식재료다. 다시마는 마른 것과 생것의 쓰임새가 각기 다르다. 마른 다시마가 국물용이나 튀김에 유용하다면, 생다시마는 쌈으로 한몫 한다. 끓는 물에 데쳐 초고추장과 곁들이면 잃어버린 입맛과 기운을 북돋는 데 그만인 것이다

順

수죠. 국이나 찌개를 끓일 때는 물론, 무침이나 조림 등 거의 모든 찬에 다시마 우린 물을 사용해요. 국수 국물 낼 때도 다시마를 푹 퍼지도록 끓여서 사용하죠."

절에서 다시마의 존재란 결코 없어서는 안 될 만능 식재료다. 다시마는 마른 것과 생것의 쓰임새가 각기 다르다. 마른 다시마가 국물용이나 튀김에 유용하다면, 생다시마는 쌈으로 한몫 한다. 끓는 물에 데쳐 초고추장과 곁들이면 잃어버린 입맛과 기운을 북돋는 데 그만인 것이다. 쌈뿐 아니라 '살짝만' 응용해도 그럴듯한 요리가 가능하다. 내친김에 자영 스님이 일러주는 '살짝만 응용한' 다시마 요리법 하나를 배워보자.

"일단 다시마를 물에 담가 짠 기를 빼고, 조물조물 씻어 끓는 물에 살짝 데친 후 찬물에 헹구는 거예요. 그리고 적당한 크기로 잘라 두부를 대충 으깨 면 보자기에 싸서 물기를 짠 다음 소금, 참기름, 깨소금으로 양념을 하는 거죠. 그것을 다시마에 올려놓고 김밥처럼 돌돌 말아 몇 토막 어슷하게 썰어 초고추장과 곁들이면 돼요. 초고추장을 만들 때는 식초 외에 생강즙을 조금 넣어주면 초장의 맛이 더욱 살아나죠."

마른 것은 마른 대로, 생것은 생한 대로 나름의 쓰임과 변신이 다양하고 만만하니 그 존재가 이래저래 기특할 뿐이다.

그 무엇도 버릴 것이 없으니

된장을 되직하게 풀어 홍고추, 청고추를 다져 넣고 바글바글 끓여낸 강된장이며, 새콤달콤매콤한 초고추장에 온갖 야채를 뜯어 넣고 쓱쓱 비벼 먹던 비빔밥과 된장이나 양념간장에 푹 재워둔 여린 콩잎장아찌에, 생강을 곱게 채 썰어 향긋하게 버무린 미나리무침 등 그 하나하나가 개운하고 맛깔스럽던 행자 시절의 음식들이 아련하다. 그 맛과 향은 어렴풋한 떠올림 속에서도 이내 군침이 돌게 한다.

"지금은 구하기조차 쉽지 않지만, 여름이면 박잎으로 지짐을 해먹었어요. 밀가루를 풀어 박잎에 묻혀 기름에 부치기만 하면 되는데, 초장에 찍어 먹으면 느끼하지도 않고 그렇게 맛있을 수가 없었죠. 부쳐낼 손이 모자랄 정도로 인기가 좋았는데…… 얘기만 해도 입맛이 다셔지네요."

행자 때를 돌이켜보면 그야말로 일복 하나는 타고난 시절이었다. 타고난 일복만큼 실수와 꾸지람도 많았다.

"한번은 도라지 껍질을 버렸다가 어른 스님에게 혼이 난 적이 있어요. 출가 전에는 재료의 껍질은 무조건 버리는 줄로만 알았는데, 절에서는 식재료로 쓸 수 있는 건 껍질까지 알뜰하게 모아두었다가 사용하더군요."

쓰레기통에 버려진 도라지 껍질을 주워 바락바락 씻으니 다시 하얀 살이 드러났다. 그렇게 한 꺼풀 때를 벗겨낸 도라지 껍질을 초장에 무치거나 말려 고추장에 박아두니 짭조름한 장아찌가 되었다. 절집 살림이란 신도들의 정성 어린 시주로 꾸려가는 것인지라 껍질 하나도 허투루 버릴 수 없는 것이 당연하다. 그러기에 '알뜰'도 모자라 '살뜰' 할 수밖에 없는 것이 공양간 살림의 원칙이다.

"절에서는 보관이 오래되어 맛이 변질되었다고 해도 그냥 버리는 법이 없어요. 두부만 해도 일주일도 못 가 상해버리게 마련이라 사용하고 남은 두부는 애초에 기름에 지져 냉동 보관해두죠. 그러면 좀더 오래 사용할 수 있어요. 보관해둔 두부가 맛이 가려 할 땐, 물에 깨끗이 씻어 물기를 제거하고 적당하게 썰어 식용유에 튀겨내면 얼마든지 활용할 수가 있어요. 김치를 볶아 곁들이거나 섞어내도 좋고, 물엿에 소금이나 간장, 깨소금으로 양념해 버무리면 '두부맛탕'이 되기도 하죠."

만만하기로 치면 또한 무만 한 것이 없다. 절집에서는 무 하나만으로도 온갖 것을 해먹는다. 뭇국에, 무찜, 무지짐, 무채, 무밥, 무떡 등등 그야말로 못 해먹을 음식이 없다. 무 한 덩이도 수십 가지의 요리가 가능한 존재인 것이다. 그러니 다른 존재인들 오죽할까. 도라지 껍질도 맛있는 장아찌가 될 수 있으니, 세상에 미물이란 것이 어디 있을까. 그저 귀하게 여기는 만큼, 의미를 부여하는 만큼, 하찮은 존재도 각별한 존재가 되는 것이다. 그러니 존재의 실상을 무엇이라 말할 수 있을까.

서른 번째 밥 이야기 | **보관 스님**

몸의 소리에 귀 기울여 먹는
건강 식사법

산문 출입을 자제하고 수행에만 정진하는 안거 기간에는 물처럼 바람처럼 떠돌던 운수납자雲水衲子들이 한곳에 모인다. 석 달 동안 벽을 마주한 채 자신을 향해 끊임없는 물음을 던지며 고요하면서도 치열한 전투를 치르는 것이다. 산중의 시리도록 맑은 기운 안에서 수행자들의 몸과 마음에 서서히 정화가 일어나니 끼니마다 들어오는 '음식'이라는 약에 민감하지 않을 수 없다.

절에서는 음력 10월 보름부터 정월 보름까지를 '동안거'라 하고, 4월 보름부터 7월 보름까지를 '하안거'라 이른다. 1년에 두 번, 스님들은 이렇게 동안거와 하안거라는 기간을 갖는다. 이 기간에는 자신과의 치열한 싸움으로 몸과 마음은 민감할 대로 민감해진다.

우리의 몸은 음식으로 이뤄진 것이요, 음식이 곧 몸이 되는 것이다. 그만큼 수행과 건강에 있어 음식의 중요성 은 아무리 강조해도 지나치지 않다. 몸의 요구와 상황에 따라 음식을 보충하고 챙겨 먹는 지혜가 필요하다.

"발우공양 때 자기가 좋아하는 반찬을 옆의 스님이 많이 가져가도 서운한 생각이 들죠. 그런 사소한 일에 종종 시비가 일어나기도 해요. 그만큼 신경이 예민해진 거죠. 내 자신이 이렇게까지 소인배였나 하는 생각이 들 정도로요."

안거 기간이면 수많은 운수납자들이 인연으로 만나 인연으로 흩어진다. 그렇게 여러 스님들이 한자리에 모여 정진하다 보면 이러저러한 일들이 생기게 마련이다.

"결제結制(안거를 시작하는 것. 해제解除는 안거가 끝나는 것)가 시작되면 보름만 지나도 몸에 변화가 일어나요. 해제 기간 동안 오염되고 흐트러졌던 몸이 정화되는 거죠. 몸이 맑아진 상태에서 참선할 때는 밀가루 같은 음식을 먹거나 과식하면 부대껴서 앉아 있기가 힘들어요. 종일 앉아 있으니 소화 기관이 약해져 음식에 더욱 민감한 반응을 보이게 되죠. 그래서 선방 스님들 중에는 위가 안 좋은 분들이 의외로 많아요."

참선도 몸이 온전해야 할 수 있으니 선방 스님들은 자신의 몸에 귀 기울일 수밖에 없다. 스스로 한의사를 자처할 정도가 된다. 10여 년간 선방 생활을 해온 보관 스님은 위에 관한 한 주치의가 따로 없단다. 약하게 타고난 위장이 선방 생활을 해온 후부터 더욱 민감해진 것이다.

"그래서 저는 음양감식법을 오래 했어요. 그래서 식전과 식후 두 시간 전후에는 가급적 물을 안 먹고, 그 외에도 물을 조금만 먹는 편이에요. 우리나라 사람들은 식사 때 물을 많이 먹는데, 찌개나 국을 챙겨 먹기 때문에 물 섭취량이 더 늘어날 수밖에 없죠. 위가 안 좋은 사람은 침과 소화액으로 음식을 소화시키는 것이 중요해요. 물을 많이 먹으면 소화액이 흐려져 소화

기능이 더욱 떨어지거든요."

　보관 스님은 식사 때 국이나 찌개조차 삼가는 편이란다. 간혹 먹게 되더라도 조금만 먹든지 건더기만 건져 먹는다. 음양감식법 외에 스님이 철저하게 지키는 원칙 중 하나는 밀가루 음식을 삼가는 것이다. 밀가루는 열 번을 참다 한 번만 먹어도 해로울 정도로 입에는 달지만 몸에는 해롭다. 달거나 매운 음식도 가급적 피하는 편이다. 자극적인 음식은 입맛을 돌게 해서 결국 밥도둑이 되게 하고 과식을 하게 만드는 요인이 된다.

　소식은 수행을 위해서도 중요하지만 위를 보호하는 차원에서도 중요하다. 그렇다면 보관 스님이 일러주는 소식하는 비법 하나를 들어보자. 반 공기의 밥으로 포만감을 느낄 수 있는 요령이 있다 하니, 그것은 밥을 '꼭꼭' 오래 씹는 것이다.

　"선방에서 아침과 점심은 꼭 발우공양을 하죠. 그런데 공양 시간은 길어도 실제 밥 먹는 시간은 5분에서 10분도 채 안 돼요. 그래서 밥을 많이 담으면 짧은 시간에 빨리 먹을 수밖에 없어요. 그러면 당연히 소화에 무리가 따르죠. 차라리 적은 양을 담아 '꼭꼭' 오래 씹어 먹으면 소화도 잘 되고 포만감도 느낄 수 있어요. 식사 속도도 여유 있게 맞출 수 있고요."

입이 아니라 몸을 위하여

　선방의 첫 끼 식사는 대개 '죽'으로 시작한다. 흰죽이나 잣죽, 누룽지죽에 우엉이나 연근 조림, 콩자반과 같은 짭조름한 밑반찬과 물김치가 나오고, 여기에 된장이나 마요네즈 소스와 함께 샐러드나 오이, 당근과 같은 생

菌

"절에서 가장 만만한 음식 중 하나가 표고버섯이죠. 일반적으로 표고는 국 끓이는 데 기본 재료가 되기도 하고, 기름에 볶아 찬으로 내기도 하고, 밀가루를 묻혀 전을 만들기도 해요. 하지만 스님들이 가장 선호하고 몸에 가장 이로운 조리법은 끓는 물에 데쳐 초고추장에 찍어 먹는 거예요."

야채가 곁들여진다. 부드러운 죽과 신선한 야채는 소화가 잘돼 이른 새벽 수행자들의 민감해진 위를 보호하는 식단으로 더없이 좋다.

건강한 소화 기능을 위해서는 기름지지 않고 담백하게 조리한 음식을 먹는 것도 중요하다.

"절에서 가장 만만한 음식 중 하나가 표고버섯이죠. 일반적으로 표고는 국 끓이는 데 기본 재료가 되기도 하고, 기름에 볶아 찬으로 내기도 하고, 밀가루를 묻혀 전을 만들기도 해요. 하지만 스님들이 가장 선호하고 몸에 가장 이로운 조리법은 끓는 물에 데쳐 초고추장에 찍어 먹는 거예요. 제가 좋아하는 음식 중 하나가 두부인데, 두부도 기름에 부치거나 튀기기보단 무를 깔고 찜을 하는 게 맛도 좋고 건강에도 좋죠. 기름진 음식은 밀가루만큼이나 소화에 좋지 않거든요."

무와 함께 매콤하게 지진 두부찜은 보관 스님에겐 곧 '어머니의 음식'이다. 출가 전 어머니가 자주 해주시던 음식이기 때문이다. 전주 출신인 어머니는 솜씨가 워낙 좋아 출가 이래로 어머니가 해주신 음식만큼 맛있는 음식을 먹어본 기억이 없다. 하지만 이젠 그리 아쉬울 일만은 아니다. 수행자로 살다보니 음식에 대한 생각이 바뀐 것이다. 음식이란 맛이 아니라 건강을 유지하기 위해 먹을 뿐. 어쩌다 입에 착착 달라붙는 음식을 대할 때는 그저 프리미엄 정도로 생각한다.

"출가 후엔 입맛이 많이 바뀌었어요. 김치만 해도 젓갈을 넣지 않고 시원하고 담백하게 담근 절 김치가 가장 맛있어요. 절에서는 음식을 싱겁게 먹는데 국만 해도 일반인이 간을 보면 간이 안 됐다고 느낄 정도죠. 그런 맛에 길들여지니 간혹 속가에 가서 어머니가 해주신 음식을 먹으면 상대적으로 짜게 느껴질 때가 많아요. 그만큼 일반 가정에선 음식을 짜게 먹는다는 얘기죠. 짠 음식도 건강에는 이로울 게 없어요."

건강한 식단을 위해서는 화학 조미료를 사용하지 않는 것이 무엇보다 중요하다. 화학 조미료는 사실 어머니의 시대부터 전성기를 누린, 당시에는 '약방의 감초'와도 같은 것이었다. 음식의 맛에만 치중한지라 그것이 건강에 얼마나 해로운지는 인식하지 못한 것이다.

"예전에 어떤 선방에서 이런 일도 있었어요. 그곳 공양주 보살님이 화학 조미료를 너무 좋아하셨던 거예요. 극히 드문 일이지만 그 절의 주지 스님도 화학 조미료가 들어간 음식을 좋아해서 선방 스님들이 밥 먹을 때마다 고역을 치러야 했죠. 그때 미국 출신의 스님이 함께 살았는데 그 스님은 피부에 알레르기까지 생겼어요. 미국에선 화학 조미료를 사용하지 않은 지가 오래되다보니 우리나라 스님들보다 더욱 민감한 반응을 보인 거죠."

그렇게 두어 달을 참고 살다 도저히 견딜 수 없자 차담 시간에 스님들이 건의를 하게 되었다. 하지만 화학 조미료로 맛을 내는 공양주 보살님의 습관은 몸에 배어 쉽게 고쳐지지 않았다. 나중엔 원주 스님이 공양간을 뒤져 압수까지 했지만, 신도에게 구입을 부탁해 당신 방에 보관해두고 사용하는 사태까지 이른 것이다.

"선방 스님들은 몸이 민감해서 화학 조미료가 조금만 들어가도 쉽게 식별할 수 있거든요. 보살님은 조금만 넣으면 잘 모를 거라고 생각하셨던 모양이에요."

절집 식단의 기본은 '수행을 위한' 음식이다. 절 음식을 보름만 먹게 되면 기운은 없을지라도 몸이 맑아짐을 느끼게 된다. 그렇다고 채식만이 좋다는 것은 아니다. 공부도 체력이 바탕이 되어야 할 수 있으니, 요즘처럼 농약 덩어리의 채소만 섭취하면서 공부하기란 여간 힘든 일이 아니다.

"결제 때는 맑은 기운으로 생활하는 것이 중요한데, 그럴 때는 절집 식단만한 음식이 없어요. 하지만 해제 때는 체력 유지를 위해서라도 단백질 보충을 해줘야 해요. 체질과 상황에 따라선 생선이나 육류의 섭취도 필요하다고 생각해요. 그래서 요즘은 해제 때면 자제하던 음식들도 한번씩 먹어주기도 해요. 면역성을 잃어버리면 건강을 유지할 수 없으니까요."

우리의 몸은 음식으로 이뤄진 것이요 음식이 곧 몸이 되는 것이다. 그만큼 수행과 건강에 있어 음식의 중요성은 아무리 강조해도 지나치지 않다. 몸의 요구와 상황에 따라 음식을 보충하고 챙겨 먹는 지혜가 필요하다.

"절집 음식이라고 다를 게 없어요. 된장찌개는 된장 풀어 야채 넣고 끓이면 되는 것이고, 김치찌개는 불에서 좀 볶다가 물 붓고 끓이면 되는 것이고. 대신 저는 양념 같은 건 일절 넣지 않아요. 맛있게 먹는 것보단 적어도 몸에 탁하지 않고 건강에 해롭지 않게 먹는 것이 중요하니까요."

채식 위주의 식단이다보니 조리법으로 따지면 속가의 음식보다 못한 것이 절 음식이다. 게다가 불가에서는 음식의 개념이 다르다. 음식이란 맛으로 탐닉하는 대상이 아니니 맛으로 논한들 그 역시 볼품없을지 모른다. 그저 불가는 불가대로 속가는 속가대로 음식의 개념과 장단점에 차이가 있을 뿐이다. 그러니 육신의 소리에 귀 기울여 그에 맞는 음식을 챙겨 먹고 건강한 심신을 유지할 수 있다면 그것으로 족할 뿐이다.

밥상 위의 인연들과 더욱 특별하게 만나는
스님들의 **밥** 이야기

무행 스님

"봄에 돋아난 지천의 풀들이 모두 나물이며 약"이라는 무행 스님.
요리에서 중요한 것은 재료의 맛과 향을 최대한 살려 조리하는 것.
나물 무침을 할 때도 마찬가지, 무르지 않도록 삶아 된장 하나로 버무리면 그만이다.
요리란 단순할수록 좋다는 것이 스님의 지론. 된장과 묵은지 하나만으로도
참맛을 살린 근사한 찌개를 끓일 수 있다.
묵은지 된장찌개와 나물 샤브샤브 된장을 물에 풀어 끓인다. 찌개가
거의 끓을 즈음, 묵은지를 썰어 넣는다. 찌개의 간은 물과 된장의 양으로 조절
하고, 된장과 묵은지 맛이 조화롭도록 같은 양을 넣는다. 나물 요리를 따로 하
기 번거로울 때는 이 찌개에 나물을 샤브샤브처럼 데쳐 먹는다.

도성 스님

불교계의 큰 어른인 경봉 스님을 시봉하던 시절, 음식을 준비하기 위해 밤낮을
가릴 새가 없었다. 수차례의 수비水飛작업으로 재료의 독소를 철저히 제거한 후
요리하는 것을 계율보다 엄히 지켰다. 부각을 만들 때나 김치를 담글 때도 마찬가지.
쌀을 씻을 때조차 손의 나쁜 기운이 전달되지 않도록 물을 세게 틀어
물과 쌀의 마찰만으로 씻은 후 밥을 짓곤 했다.
감자부각 감자를 대팻밥처럼 썰어 바로 물에 넣는다. 맑은 물이 우러날 때까
지 여러 차례 수비한 후, 팔팔 끓는 소금물에 살짝 데쳐 물기를 빼서 널어 말린
다. 뜨거운 기름에 잠깐 넣었다 빼면 백옥 같은 빛깔의 고소한 감자부각이 완성
된다. *김치 담그는 법은 본문 참조

용천사 전남 함평군 해보면 소재의 성후 스님은 구수한 입담만큼 인정과 유머가
넘치는 분이다. 가난한 시절, '절집의 소고기'로 통했던 두부는 다양하게
요리되어 절집 사람들의 단백질 공급원이 되어준다. 특히 두부찜은
늘 베스트셀러이자 스테디셀러인 절집 단골메뉴.
두부찜 두툼하게 썬 무를 냄비 바닥에 깔고, 그 위에 감자와 두부를 넙적하게
썰어 켜켜이 얹는다. 고춧가루와 간장을 섞고 고추, 당근, 버섯 등을 잘게 썰어
양념장을 만든다. 두부와 감자에 양념장을 끼얹어 충분히 배도록 은근한 불에
졸인다. 두부를 기름에 살짝 지져 사용하면 부서지지 않고 맛이 더욱 좋다.

성후 스님

가을이면 절집 처마 밑에 주렁주렁 열리는 무시래기. 된장이 듬뿍 밴 구수한 시래기
한 가닥을 뜨끈한 밥 위에 걸쳐 먹는 그 맛은 말로 표현할 수조차 없다.
통도사 경북 양산시 하북면 소재 광우 스님이 일러주는 시래기나물의 비법은 간단하다.
제대로 말려, 된장에 열심히 주물러주는 것. 정성 어린 손맛은 기본이요
장맛 또한 중요하다.
시래기나물 잘 말려놓은 시래기를 뜨거운 물에 삶아 부드러워질 때까지 물
에 불려준다. 묽게 치댄 된장에 시래기를 넣고 간이 충분히 배도록 열심히 주
물러준다. 팬에 기름을 두르고 달달 볶는다.

광우 스님

장육사 경북 영덕군 창수면 소재의 주지인 효상 스님의 고향은 강원도 월정사다.
어릴 때부터 절에서 자란 스님에게 절 음식은 일상의 음식. 동지 때면 두 그릇씩
챙겨 먹던 팥죽이며, 누룽지를 튀겨 설탕을 솔솔 뿌려먹던 누룽지 과자 등
월정사 형제들과 함께한 그 시절의 먹거리들이 생생하다. 강원도에서 흔하디
흔한 감자로 만든 음식들은 예나 지금이나 반갑기만 하다. 특히 새끼감자를
껍질째 씻어 간장에 졸인 감자조림은 하루가 멀다하고 먹어도 질리지 않는 찬.
강판에 감자를 갈아 기름에 노릇하게 지진 감자전이나 찐 감자는 간식으로 그만이다.

효상 스님

봉국사 경기도 성남시 수정구 소재의 주지인 효림 스님은 '밥의 달인' 이다.
특히 밥과 찬의 '한 그릇화' 전략은 스님만의 비법. 여러 종류의 찬을 밥을 지을 때
'몽땅' 털어 넣는 것이다. 만드는 사람이나 먹는 사람이나 간편해서 좋고,
다양한 종류의 밥을 쉽게 만들어 먹을 수 있어 편리하다.
'한 그릇' 밥 짓기 밥을 지을 때 전날 먹다 남은 찬을 함께 넣고 짓는다.
단, 먹기 좋게 재료를 쫑쫑 썰어주는 것은 기본. 찬의 종류에 따라 야채밥, 나
물밥, 김치밥이 된다. 마른 표고버섯을 잘게 부숴 넣거나 우려 마시고 남은 녹
차 잎을 넣고 밥을 해도 좋다. 된장, 고추장, 청국장 등 장을 넣고 지은 밥도
별미.

효림 스님

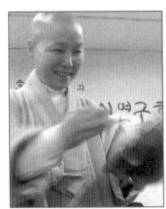

홍승 스님

사찰음식 연구가 서울 서초구 양재동 연구소 소재인 홍승 스님은 책자와 인터넷 사이트 www.foodhong.com를 통해 새로운 절 음식을 개발, 보급하고 있다. 주로 구전으로 전승된 절 음식은 시대와 입맛의 변화에 따라 새로운 메뉴가 등장하여 스님들 사이에 알려지기도 한다. 그 대표적인 것이 사찰피자.

사찰피자 감자를 갈아 노릇노릇하고 두툼하게 감자전을 만든다. 김치는 속을 털고 물에 빨아 꼭 짠 후 적당한 크기로 썰고, 버섯, 양배추, 피망 등 갖은 야채를 슬라이스로 썰어 케첩과 버무려 토핑을 만든다. 감자전 위에 토핑재료를 얹고 피자치즈를 고루 뿌려 전자레인지에 살짝 돌린다. *홍승 스님의 녹두전 비법은 본문 참조

성전 스님

'일중식'을 원칙으로 했던 부처님 시대로 거슬러 올라가면 죽은 '부정(不淨)'의 음식과 다름없다. 어린 나이에 출가한 부처의 아들 라훌라에게 일중식은 힘든 계율이었기에 아침에 죽을 먹는 전통이 생겨났다. 용문사 경남 남해군 이동면 소재의 주지이자 불교 방송 〈행복한 미소〉의 진행자이자 작가인 성전 스님은 특별한 죽을 즐겨 먹는다. 월간 《해인》의 편집장 시절, 한 스님에게 전수받은 '누룽지 치즈죽'이 그것. 영양은 물론 구수함과 고소함이 어우러진 맛이 절묘하다.

누룽지 치즈죽 누룽지를 물에 넣고 끓이다가 치즈 두어 장을 넣고 저어주기만 하면 완성된다.

일수 스님

법천사 서울 성북구 성북2동 소재의 주지인 일수 스님은 묵은지 마니아다. 토굴 살이 시절, 된장과 고추장을 섞어 스님만의 비법으로 끓인 묵은지 김치찌개는 장맛과 김치맛의 경계가 허물어진 맛이 일품. 묵은지를 물에 씻어 밥에 싸먹는 묵은지쌈은 여름철 잃어버린 입맛을 살리는데 특효다.

묵은지 김치찌개 묵은지의 속을 털어내고 물에 헹궈 두세 토막 큼지막하게 썰어 준비한다. 된장과 고추장을 동량으로 풀어 넣고 국간장과 참기름, 버섯 등을 넣고 양념한다. 다시마 우린 물이나 쌀뜨물을 붓고 푹 끓인다.

금강 스님

미황사 전남 해남 송지면 소재의 주지인 금강 스님이 추천하는 이개장은 한문학당이나 수련회 등 절의 큰 행사가 있는 날에만 맛볼 수 있는 특별식이다. 나물과 버섯을 넣고 얼큰하게 끓인 이개장은 육개장에 고기 대신 나물을 넣은 국. 땅끝마을 미황사를 대표하는 별미로 가마솥에 끓여야 제격이다.

이개장 큼지막한 솥에 무와 다시마, 버섯 등을 넣고 국물을 우려 고춧가루를 풀고 소금으로 간을 맞춘다. 고사리, 토란대 등 온갖 나물을 넣고 한소끔 끓이면 완성된다.

잘 띄운 청국장 하나면 청국장찌개는 절로 될 만큼 조리법이 간단하다. 영양 가치로 따지면 절집에서는 그만한 월동의 보양찌개가 따로 없다. 수덕사의 우봉 스님은 청국장의 제조법까지 줄줄이 꿰고 있다. 처음 한두 번의 서투름만 겪으면 누구나 쉽게 만들어 먹을 수 있다고.

청국장과 청국장찌개 좋은 콩을 선별하여 물에 불려 삶은 다음 물기를 뺀다. 뜨끈한 아랫목에 볏짚을 깔고 이불을 덮고 2~3일간 발효시킨다. 발효된 콩을 절구에 찧되 콩이 완전히 뭉그러지지 않도록 적당히 찧는다. 이렇게 만든 청국장을 물에 풀어 신김치와 무를 썰어 넣고 보글보글 끓여주면 구수한 청국장이 완성된다.

우봉 스님

보국사<small>서울 성북구 정릉2동 소재</small>의 현경 스님이 잘하는 음식 중 하나는 떡볶이. 떡볶이는 절 안팎을 대표하는 인기 만점의 주전부리다. 가래떡이 풍족한 절에서는 손쉽게 만들어 먹을 수 있는 간식거리. 고추장 대신 된장을 풀어 만들면 색다른 맛의 웰빙 떡볶이가 완성된다.

떡볶이 다시마나 버섯, 무 등을 넣고 우린 물에 고추장이나 된장을 풀어 끓인다. 준비한 떡과 설탕과 물엿, 야채 등을 썰어 넣고 끓인다.

현경 스님

시금치나 오이 한 개를 먹더라도 감사의 마음을 잊지 않는 것, 음식을 만들 때는 어머니와 같은 정성의 마음을 담을 줄 아는 것. 동자승 그림으로 잘 알려진 원성 스님은 그러한 자세를 음식을 하는 자와 먹는 자의 도리라고 생각한다. '꽃비'라는 동화를 통해 환경 문제에도 남다른 관심을 보인 스님은 음식을 남김없이 먹는 작은 실천이 환경을 보호하는 큰 일임을 강조한다. 영국의 '원플레이트 one plate' 문화나 절집의 '빈그릇 운동'과 '3소찬' 등은 우리네 가정에서 쉽게 실천할 수 있는 밥상 문화. 환경과 경제와 건강을 지켜가는 좋은 지침이 될 것이다.

원성 스님

심리연구소<small>서울 강남 도곡동 소재</small>를 운영하는 현오 스님에게 취나물은 각별한 음식이다. 깊은 산속에서 토굴 생활을 하던 시절, 나물은 생존의 식량이자 산중의 보약이었다. 온갖 자연의 기운을 받고 자란 나물 한 가지면 임금의 성찬도 부럽지 않으니 더 이상 보탤 맛이 없었다.

취나물 무침 물에 충분히 불린 취나물을 삶아 물기를 제거하여 준비한다. 된장이나 간장으로 간하여 들기름 몇 방울을 넣고 무친다. 삶은 취나물을 된장에 찍어 먹거나 고추장에 버무려 먹어도 맛있다.

현오 스님

혜용 스님

이른 봄, 여린 보리를 넣고 끓인 보리된장국은 용천사전남 함평 해보면 소재의 주지인 혜용 스님과 절 식구들에게는 '봄의 보약'과 다름없다. '징글징글'하게 깊은 바다 맛이 일품인 감태 또한 용천사의 단골 메뉴. 겨울 서남해 지역에서 채취하는 감태는 얼었다 녹아도 맛과 향의 변화가 거의 없어 냉동실에 보관해두면 1년 내내 먹을 수 있다.

감태 얼려둔 감태를 적당히 해동시켜 한두 번 씻어준 다음, 깨소금과 조선간장으로 간하여 버무린다. 해조류 특유의 냄새가 싫다면 참기름을 몇 방울 첨가한다.

영만 스님

'크게 편안하다'하여 이름 지어진 태안사에서의 행자 시절, 신심으로 충만했던 마음 또한 '태안'과도 같았다. 화장실을 청소하는 일마저 지극한 수행과 다름없던 그 시절, 흰죽은 물론 잣죽, 깨죽 등 속 편하고 부드러운 죽은 선방의 아침 메뉴로 으뜸이었다. 죽을 끓일 때는 '죽 같지 않은 죽'을 끓여야 한다는 것이 영만 스님이 일러주는 비법.

죽 하루 전날 물에 불린 쌀을 물이 팔팔 끓을 때 넣고 센 불에서 저어준다. 쌀알이 어느 정도 익기 시작하면 약한 불로 줄여 완전히 익을 때까지 저어주다 굵은 소금으로 간한다. 갈아놓은 잣이나 땅콩, 깨 등을 넣고 저으면 다양한 죽을 완성할 수 있다.

법선 스님

문빈정사광주시 동구 무등산 소재의 주지 법선 스님의 공양 기본 철칙은 "음식은 무조건 복 있고 맛있게 먹자"는 것. 발우공양에서 설거지용으로 쓰이는 마지막 김치 한 조각이 스님에게는 가장 행복한 맛이란다. 한편 선방 스님들의 잠을 경책하고 기운을 북돋아주는 잣죽과 물김치, 덤덤해진 입맛에 설렘을 주는 국수와 만두는 절집의 별미. 은사 스님의 잃어버린 입맛과 원기를 금세 찾아주곤 하던 산더덕 무침 또한 빼놓을 수 없다.

더덕무침 더덕의 껍질을 벗겨 칼등이나 방망이로 두드려 먹기 좋게 찢는다. 간장과 깨소금에 버무려 고수를 잘게 찢어 넣고 조물조물 무친다.

덕제 스님

쌀알 하나가 밥이 되기까지는 수많은 인내의 고통을 거듭한다. 그렇게 수많은 존재들이 우리네 밥상에 올라와 존재의 소임을 다하고자 한다. 활동성의 에너지를 담고 있는 육식이나 밀가루 등은 수행에 도움이 되진 않지만, 상한 음식도 마다않고 받아들인 부처의 가르침을 돌이켜보면 내게로 다가온 인연들을 감사히 받아들이는 것 또한 수행자의 자세이다.
구층암전남 구례군 마산면 화엄사 소재의 주지인 덕제 스님은 물 한 모금, 밥알 한 알 흘림없이 소중히 먹는 것은 존재와 인연에 대한 마땅한 도리라고 생각한다.

부석사충남 서산시 부석면 소재의 주지인 주경 스님은 절집 최고의 음식으로
국수를 꼽는다. 경사스러운 날이나 궂은날이나 불평불만이 많은 대중의 마음을
즐겁게 이어주니 국수는 여간 신통한 음식이 아니다. 국수 중에서도
비빔국수는 고추장과 묵은지만 있으면 쉽고 간단하게 만들어 먹을 수 있다.
비빔국수 고추장에 설탕과 식초를 넣어 양념장을 만든다. 물을 충분히 붓고
팔팔 끓을 때 소면을 고루 펴서 넣고 엉기지 않도록 저어준다. 면이 냄비 바닥
에 가라앉았다 뜨면서 한두 바퀴 돌때 건져 찬물에 헹궈 체에 받친다. 국수에
송송 썬 묵은지와 채 썬 오이를 얹고 양념장을 얹는다. *주경 스님의 쌈장비법은
본문 참조

주경 스님

예쁜 꽃으로, 건강에 이로운 차와 약초, 음식 등으로 두루 쓰이는 야생화는
보시행의 스승과도 같다. 그 아름다움과 이로움을 널리 알리고 싶은 것이
광덕사광주 남구 진월동 소재 효진 스님의 바람이다. 우리나라에서 자생하는 야생화와
야생초만큼 이로운 토종 허브는 없으니, 이를 잘 활용하면 건강과 병을 다스릴 수
있다.
화전 찹쌀가루에 소금과 설탕을 조금 넣고 따뜻한 물로 익반죽하여 동글납작
하게 빚는다. 철따라 예쁜 꽃잎을 준비하여 살짝 씻어 반죽 위에 올린다. 팬에
기름을 두르고 앞뒤로 지져낸다. 입맛에 따라 시럽이나 꿀에 찍어 먹는다.

효진 스님

불가에서 음식은 '약' 이다. 헤운사전라도 무안군 소재의 주지인 혜산 스님은
건강과 모든 병은 음식으로 다스릴 수 있음을 강조한다. 이미 오래전부터
수행자들은 자신의 몸과 마음을 면밀히 살피고 관찰하면서 음식의 역할을
몸소 체험해왔다. 그러한 직접적인 경험을 통해 즐겨 먹게 된 것이 불가의 음식과
문화로 자리 잡아 속가의 식생활에도 영향을 미쳤다. 알고 보면 절이라는 곳은
음식 문화에 선도적인 역할을 해왔으며, 심신을 쉬어가는 쉼터로
우리네 생활 속에 깊숙이 연관되어 있다.

혜산 스님

추억은 음식의 맛을 배가 되게 한다. 소림사부산시 동구 초량1동 소재의 종진 스님에게는
강원 시절의 추억과 음식들이 그러하다. 그 시절을 동고동락한 도반들과 구워 먹던
표고버섯의 맛은 특히 각별하기만 하다. 표고버섯은 구이나 무침, 찜 등
어떤 형태의 요리로든 스님들의 절대사랑과 지지를 받는 식품이다.
표고구이 석쇠에 표고를 구워 소금장에 찍어 김치나 상추 등의 야채에 쌈 싸
먹는다. **표고버섯회** 널따랗게 펴진 표고버섯을 끓는 물에 데쳐 온갖 야채와
함께 초고추장에 버무린다. **표고버섯찜** 표고버섯을 불고기양념 하듯 간장과
참기름 등에 재워 국물이 자작자작해지도록 푹 익힌다. 고추냉이 간장과 야채
를 곁들어 쌈 싸먹는다.

종진 스님

일담 스님

백련사 전남 강진 소재의 일담 스님은 은사 스님을 통해 맛의 진미를 배웠다. 차의 대가인 은사 스님은 차에서나 음식에서나 걸림없는 사고를 일러주셨다. 어느새 식성까지 닮아 타향살이에서 문득문득 그리워지는 음식이 매생이였다. 특히 '바다의 맛'으로 일컫는 매생이로 끓인 수프는 아침식사로 그만이다.

매생이 수프 참기름 몇 방울 넣고 매생이를 볶다 물을 넣고 소금이나 조선간장으로 간한다. 한번 끓어오르면 바로 불을 끈다. 매생이국에 굴을 첨가하면 바다의 맛이 두세 배로 살아난다.

각묵 스님

음식을 먹는다는 것은 '혀'를 통해 기억을 먹는 일. 기억에 각인된 음식일수록 맛있다고 느끼게 된다. 대적원 울산시 울주군 삼남면 소재의 주지인 각묵 스님에게 어머니의 음식이 그러하다. 음식 솜씨가 좋았던 어머니는 도토리를 모아 묵을 쑤거나 감잎을 따다 부각을 만들어주곤 했다.

갑잎부각 감잎의 여린 잎을 따다 손질한 다음 바람이 잘 통하는 곳에 말린다. 밀가루나 찹쌀로 풀을 쑤어 소금간을 살짝 하여 말린 감잎에 고루 바른다. 기름에 살짝 튀겨 설탕이나 깨소금을 뿌려 완성한다. *도토리묵을 만드는 방법은 본문 참조

연암 스님

덕사 경북 청도군 화양읍 소재의 주지인 연암 스님은 모과차를 직접 담가 새벽 예불 전후로 챙겨 먹는다. 모과차는 겨울철 목을 보호해주고 감기 예방에 특효. 모과차를 담글 때는 혈액 순환에 탁월한 생강을 첨가해주는 것이 스님의 비법. 뜨끈한 물에 우려 마셔도 좋지만, 찬물에 모과를 넣고 팔팔 끓이면 두서너 배는 그윽한 맛과 향을 즐길 수 있다.

모과차 모과와 생강을 얇게 썰어 설탕을 켜켜이 넣고 항아리에 재운다. 모과 두세 개에 생강 두세 쪽 비율이 좋다. 설탕을 5분의 2 정도 남겨두었다가 맨 위에 수북하게 덮어 밀봉한다. 큰 항아리보다 작은 항아리에 나눠 담아 순서대로 꺼내 먹는 것이 좋다. 설탕과 꿀을 섞어 재우거나 대추를 함께 썰어 담가도 좋다.

현담 스님

범패와 약초 전문가로 활동하는 현담 스님 경남 양산시 물금읍 금선선원 소재은 십대에 정혜사로 출가하여 백 세 노스님과 인연을 맺었다. 불교계의 큰어른이셨던 노스님은 모든 것을 받아들이고 이겨내야 초월할 수 있다는 지론을 갖고 계셔 절에서도 오신채를 사용할 수 있었다. 그 시절 양파를 다져넣고 만든 쌈장과 고추장 감잣국은 정혜사의 인기 만점 별미였다.

쌈장 된장과 고추장을 2:1의 비율로 섞고, 표고버섯을 잘게 썰어 넣는다. 버섯 우린 물을 뻑뻑하지 않을 정도로 넣은 후 들기름에 볶는다. 보글보글 끓어오를 때 양파를 썰어 넣고 양파가 익을 즈음 불에서 내린다. *고추장 감잣국은 본문 참조

큰스님을 시봉하면서 음식에 대해 많은 것을 배웠다는 연화사 서울 동대문구 회기동 소재
주지 묘장 스님. 큰스님은 절기 음식을 챙겨 먹는 것을 무엇보다 중히 여겼다.
오곡밥을 먹는 날에는 오곡밥을 짓고, 동짓날은 팥죽, 설날에는 떡국을 끓이는 것
절기 음식 중에 떡국은 절집에서 가벼운 아침 식사로 애용하는 메뉴이기도 하다.

떡국 무와 다시마, 홍고추, 표고버섯을 우려 국물을 내고, 국물을 우린 표고버섯
은 채 썰어 고명으로 활용한다. 두부를 기름에 구워 굵게 채 썬 다음, 표고버섯과
함께 참기름과 간장을 넣고 볶는다. 다 볶아질 무렵 다시마 물을 조금 넣어 자박
자박한 상태의 고명을 만든다. 다시마 물에 떡을 끓이고 간은 고명으로만 맞춘다.

묘장 스님

모은암 경남 김해시 생림면 소재의 주지인 혜수 스님은 특별한 김치의 맛을 기억한다.
정갈한 맛이 일품이던 금정암의 김치와 땡감을 썰어 넣고 담근 극락암의 김장김치는
그야말로 '극락의 맛'과 같았다. 마늘을 대신한 생강과 찹쌀풀과 간장으로
젓국을 대신한 절집 김치는 시원하고 개운한 맛을 자랑한다.

절집김치 소금에 절인 배추와 무채를 준비한다. 물에 불려놓은 찹쌀을 끓는 다
시마 물에 넣고 약한 불에서 퍼질 정도로 끓여 찹쌀풀을 만든다. 여기에 불린 고
춧가루와 다진 생강, 조선간장, 배즙, 설탕 등을 넣고 양념장을 만든다. 양념장에
무채와 갓, 미나리 등을 넣고 고루 섞어 배추에 버무린다. 땡감을 껍질째 넙적넙
적하게 썰어 넣으면 달콤하면서 시원한 맛이 더욱 살아난다.

혜수 스님

화림원 서울 도봉구 도봉동 소재의 자영 스님은 튀각에 대한 남다른 기억을 갖고 있다.
어린 시절, 절집 밥상에 소담하고 먹음직스럽게 올라와 있던 다시마튀각.
다시마는 영양은 말할 것도 없거니와 마른 것은 마른 대로 생한 것은 생한 대로
쓰임이 다양하다. 튀각과 부각의 재료로 1순위요 절집 주방에서는 국물을
우리는데 그 존재가 절대적이다.

다시마튀각 젖은 면보로 다시마를 깨끗이 닦고 먹기 좋은 크기로 자른다. 기름
의 온도가 적당해지면 170도 다시마를 넣고 튀긴 후 재빨리 건져 설탕과 깨소금을
뿌려 완성한다.

자영 스님

벽을 마주한 채 자신과의 치열한 싸움에 들어가는 안거 기간에는 스님들의
몸이 민감해진다. 음식은 '약'이 되기도 하고 '독'이 되기도 하니, 선방 생활을 해온
보관 스님에게도 음식은 그러하다. 수행과 건강에 있어 음식의 중요성은 아무리
강조해도 지나치지 않는다. 소식과 더불어 밥을 꼭꼭 씹어 천천히 먹는 것, 밀가루나
화학 조미료, 인스턴트 음식 등을 삼가는 것 그리고 기름진 조리법보다는 물에
데치거나 쪄서 담백하게 조리해 먹는 것은 수행에 앞서 건강을 위해 중요한 일이다.
건강한 심신을 위해 몸의 소리에 귀 기울여 음식을 챙겨 먹는 지혜가 필요하다.

보관 스님

샨티의 뿌리회원이 되어
몸과 마음과 영혼의 평화를 만들고 나누는 데
함께해 주신 분들께 깊이 감사드립니다.

뿌리회원 (개인)

이슬, 이원태, 최은숙, 노을이, 김인식, 은비, 여랑, 윤석희, 하성주, 김명중, 산나무, 일부, 박은미, 정진용, 최미희, 최종규, 박태웅, 송숙희, 황안나, 최경실, 유재원, 홍윤경, 서화범, 이주영, 오수익, 문경보, 최종진, 여고운, 조성환, 김영란, 풀꽃, 백수영, 황지숙, 박재신, 염진섭, (주)드림, 이재길, 이춘복, 장완, 한명숙, 이세훈, 이종기, 현재연, 문소영, 유귀자, 윤홍용, 김종휘, 이성모, 박새아, 문수경, 전장호, 이진, 최애영, 김진회, 백예인, 이강선, 박진규, 박영하, 이욱현, 최훈동, 이상운, 이산옥, 김진선, 심재한, 안필현, 육성철, 신용우, 곽지회, 전수영, 기숙희, 김명철, 장미경, 정정희

뿌리회원 (단체/기업)

— 회원이 아니더라도 이메일(shanti@shantibooks.com)로 이름과 전화번호, 주소를 보내주시면 독자회원으로 등록되어 신간과 각종 행사 안내를 이메일로 받아보실 수 있습니다.

전화 : 02-3143-6360~1 팩스 : 02-338-6360
이메일 : shanti@shantibooks.com